O QUE
não FAZ DE VOCÊ
BUDISTA

Dzongsar Jamyang Khyentse

O QUE *não* FAZ DE VOCÊ BUDISTA

Tradução
Manoel Vidal

Copyright © 2007 Dzongsar Jamyang Khyentse.
Título original: *What Makes You Not a Buddhist*.
Publicado mediante acordo com a Shambhala Publications, Inc. 300 Massachusetts Avenue, Boston, MA 02115 USA

Todos os direitos desta edição são reservados:
© 2021 Editora Lúcida Letra

Coordenação editorial: Vítor Barreto
Revisão técnica: Ana Cristina Lopes
Revisão: Flávia Pellanda

2ª edição, 11/2021

Dados Internacionais de Catalogação na Publicação (CIP)

K45q	Khyentse, Jamyang, 1961-.
	O que não faz de você budista / Dzongsar Jamyang Khyentse ; tradução Manoel Vidal. – 2. ed. – Teresópolis, RJ : Lúcida Letra, 2021.
	200 p. ; 21 cm.
	ISBN 978-65-86133-38-7
	1. Budismo - Doutrina. 2. Budismo - Práticas. I. Vidal, Manoel. II. Título.
	CDU 294.3

Índice para catálogo sistemático:
1. Budismo : Doutrina   294.3

(Bibliotecária responsável: Sabrina Leal Araujo – CRB 8/10213)

*Para o filho de Suddhodana,
o príncipe da Índia,
sem o qual eu ainda não saberia
que sou um ser errante.*

Sumário

Prefácio à 2ª edição brasileira — 9

Introdução — 11

1. Fabricação e impermanência — 19

2. Emoção e sofrimento — 59

3. Tudo é vacuidade — 91

4. O nirvana está além dos conceitos — 131

Conclusão — 165

Pós-escrito sobre a tradução de certos termos — 193

Agradecimentos — 197

Prefácio à 2ª edição brasileira

EXTREMAMENTE CONCISO, *O que não faz de você budista* oferece um relato vívido e assaz relevante do despertar de Buda Shakyamuni, explica as quatro verdades para a visão imprescindível da prática budista autêntica e perfura suposições espirituais prediletas com provocações penetrantes como agulhas. Este é um livro para quem busca a verdade e está disposto a sondar além do conselho genérico de "praticar a virtude para ser feliz".

Ele nos desafia a aplicar uma lógica cristalina às aparências, às emoções e às crenças, e a transpassar a fabricação confusa.

Como professor, Dzongsar Khyentse Rinpoche é dinâmico, espirituoso, divertido, bem informado sobre os eventos atuais e brilhantemente perspicaz. Seus ensinamentos combinam uma fundamentação sólida na filosofia e meditação budistas com referências modernas. Estas podem ser substituídas por referências diferentes ou mais recentes, o que comprova a mensagem de

Rinpoche: a mudança caleidoscópica dos ícones culturais é uma mera ilusão.

Para aqueles que se proclamam budistas, Khyentse Rinpoche pode perguntar: "Você tem certeza?". Para os que são budistas em potencial, ele pode perguntar: "Você tem certeza de que já não é?". Ser ou não budista depende da visão, e as quatro verdades — ou selos — que fundamentam essa visão são claramente estabelecidas.

O poder da intenção e das palavras de Rinpoche dissipa camadas de brumas e de confusão sobre o Dharma de Buda. Sua bondade nos aproxima da verdade não obscurecida e da liberdade genuína.

O que não faz de você budista estar disponível nesta segunda edição em português é uma boa fortuna imensa. Que muitos o leiam. E o releiam com uma sabedoria cada vez maior.

Chagdud Khadro
Maio de 2021

Introdução

CERTA VEZ, EU ESTAVA NUM AVIÃO, no *assento* do meio da fileira central de um voo transatlântico, quando um homem simpático sentado ao meu lado fez uma tentativa de ser cordial. Vendo minha cabeça raspada e saia cor de vinho ele concluiu que eu era budista. Quando foi servida a refeição, o homem atenciosamente se ofereceu para pedir uma refeição vegetariana para mim. Tendo presumido corretamente que eu era budista, ele também presumiu que eu não comia carne. Esse foi o início de nossa conversa. O voo era longo e, para afastar o tédio, passamos a falar sobre o budismo.

Com o passar do tempo, tenho me dado conta de que as pessoas frequentemente associam o budismo e os budistas à paz, à meditação e à não violência. De fato, parece que muitos pensam que vestes cor de vinho ou de açafrão e um sorriso sereno é tudo o que se precisa para ser budista. Sendo eu um *budista* fanático, devo me orgulhar dessa reputação, especialmente por seu aspecto de

11

não violência, tão raro nesta época de guerras e violência, sobretudo a violência religiosa. Ao longo da história da humanidade, a religião parece ter gerado brutalidade. Ainda hoje, atos de violência praticados por extremistas religiosos dominam os noticiários. No entanto, posso dizer com confiança que, até o presente, nós budistas não nos desonramos. A violência nunca teve um papel na propagação do budismo. No entanto, em razão da formação budista que recebi, também me sinto um tanto descontente quando vejo o budismo ser associado a nada além de vegetarianismo, não violência, paz e meditação. O príncipe Siddhartha, que sacrificou todo o luxo e o conforto da vida nos palácios, deveria estar em busca de algo mais do que mansidão e vida campestre quando se pôs a caminho para descobrir a iluminação.

Embora em essência seja bastante simples, o budismo não se presta a uma explicação fácil. Ele é complexo, vasto e profundo, quase além da imaginação. Embora seja não religioso e não teísta, é difícil alguém apresentar o budismo sem um tom teórico ou religioso. À medida que o budismo chegou a diferentes partes do mundo, as características culturais que foi acumulando o tornaram ainda mais complicado de decifrar. Acessórios teístas, como incenso, sinos e chapéus multicoloridos conseguem atrair a atenção das pessoas, mas, ao mesmo tempo, podem ser obstáculos. Elas acabam pensando que isso é tudo o que constitui o budismo, afastando-se, assim, de sua essência.

Às vezes, por frustração com o fato de os ensinamentos de Siddhartha não terem se propagado o suficiente para meu gosto, e às vezes por ambição pessoal, eu acalento ideias de reformar o budismo: fazer dele algo mais fácil, mais direto e puritano. É um desvio e um engano imaginar (como às vezes faço) que o budismo possa ser simplificado e formatado em uma série de práticas predefinidas e calculadas — tais como meditar três vezes ao dia, observar certos códigos de vestimenta e pautar-se por certas crenças ideológicas, como, por exemplo, a de que o mundo inteiro deveria ser convertido ao budismo. Se pudéssemos prometer que essas práticas trariam resultados tangíveis imediatos, penso que haveria mais budistas no mundo. No entanto, quando me recupero dessas fantasias (o que raramente faço), uma mente mais sóbria me adverte de que um mundo cheio de pessoas autodenominadas budistas não seria, necessariamente, um mundo melhor.

Muitos creem, erroneamente, que o Buda é o "deus" do budismo; mesmo pessoas em países normalmente identificados como budistas, como a Coréia, o Japão e o Butão, têm essa atitude teísta em relação ao Buda e ao budismo. Esse é o motivo pelo qual, ao longo deste livro, os nomes Siddhartha e Buda são usados como sinônimos, para lembrar que o Buda era apenas um homem, e que esse homem se tornou o Buda.

É compreensível que algumas pessoas possam pensar que os budistas sejam seguidores desse homem externo conhecido como o Buda. O próprio Buda, porém, salientou que não deveríamos venerar a pessoa, mas, sim, a sabedoria que ela ensina. Também existe a pressuposição de que a reencarnação e o carma constituem os elementos mais essenciais do budismo. Há muitos outros equívocos grosseiros. Por exemplo, o budismo tibetano por vezes é designado "lamaísmo" e em alguns casos o zen não é sequer considerado budismo. Algumas pessoas ligeiramente mais informadas, mas também equivocadas, podem fazer uso de palavras como *vacuidade* e *nirvana*, sem compreender seu significado.

Quando surge uma conversa como a que tive com meu companheiro de viagem, uma pessoa que não seja budista pode perguntar casualmente: "O que faz de alguém budista?" Essa é a pergunta mais difícil de responder. Se a pessoa tem um interesse genuíno, a resposta completa não serviria de assunto para uma conversa ligeira à mesa, e generalizações podem levar a mal-entendidos. Suponhamos que você dê a resposta verdadeira, a resposta que aponta para a base fundamental dessa tradição de 2.500 anos.

A pessoa é budista se aceitar as seguintes quatro verdades:

Todas as coisas compostas são impermanentes.
Todas as emoções são dor.
Todas as coisas são desprovidas de existência intrínseca.
O nirvana está além dos conceitos.

Essas quatro afirmações, ditas pelo próprio Buda, são conhecidas como "os quatro selos". De modo geral, *selo* significa uma marca que confirma a autenticidade. Por uma questão de simplicidade e fluência, vou aqui me referir a essas afirmações tanto como selos quanto como "verdades" — sem as confundir com as quatro nobres verdades do budismo, que tratam unicamente dos aspectos do sofrimento. Embora se acredite que os quatro selos abarquem a totalidade do budismo, a impressão que se tem é que as pessoas não querem ouvir falar sobre eles. Quando desacompanhados de mais explicações, eles servem apenas para arrefecer os ânimos e, em muitos casos, não despertam maior interesse. A conversa se desvia do assunto e as coisas param por aí.

A mensagem dos quatro selos deve ser entendida literalmente — não em sentido metafórico ou místico — e ser levada a sério. Os selos, porém, não são dogmas ou mandamentos. Com um pouco de contemplação, vemos que eles nada têm de moralismo ou ritualismo. Não se fala em boa ou má conduta. Eles são verdades leigas fundadas na sabedoria, e a sabedoria é o que mais interessa a um budista. A moral e a ética ficam em segundo plano.

Não é por dar umas tragadas num cigarro ou pular a cerca de vez em quando que alguém fica impedido de ser budista. O que não vale dizer que é dada carta branca à perversidade e à imoralidade.

Falando de modo geral, a sabedoria provém de uma mente que possui o que os budistas chamam de "visão correta". No entanto, a pessoa nem sequer precisa se considerar budista para ter a visão correta. Em última análise, é essa visão que determina nossa motivação e ação. É a visão que nos guia no caminho do budismo. Se adotamos comportamentos saudáveis em acréscimo aos quatro selos, isso faz de nós budistas ainda melhores. Então, o que não faz de você um budista?

Se você não consegue aceitar que todas as coisas compostas ou fabricadas são impermanentes, se acredita que há alguma substância ou conceito essencial que seja permanente, então você não é um budista.

Se você não consegue aceitar que todas as emoções são dor, se acredita que, na verdade, algumas emoções são puramente prazerosas, então você não é um budista.

Se você não consegue aceitar que todos os fenômenos são ilusórios e vazios, se acredita que certas coisas, de fato, têm existência intrínseca, então você não é um budista.

E, se você pensa que a iluminação existe dentro das dimensões do tempo, espaço e poder, então você não é um budista.

Sendo assim, o que faz de você um budista? Talvez você não tenha nascido num país budista ou numa família budista, pode ser que não use vestes religiosas nem raspe a cabeça, pode ser que coma carne e que ídolos sejam o Eminem e a Paris Hilton. Isso não significa que você não possa ser um budista. Para ser budista, você precisa aceitar que todos os fenômenos compostos são impermanentes, que todas as emoções são dor, que todas as coisas são desprovidas de existência intrínseca e que a iluminação está além dos conceitos.

Não é necessário lembrar essas quatro verdades o tempo todo, incessantemente. Mas elas precisam residir em sua mente. Você não anda por aí se lembrando sem parar de seu nome; porém, quando alguém pergunta seu nome, você se lembra dele no mesmo instante. Não há dúvida. Uma pessoa que aceite esses quatro selos, ainda que independentemente dos ensinamentos do Buda, ainda que jamais tenha ouvido o nome Buda Shakyamuni, pode ser considerada uma pessoa que segue o mesmo caminho que ele.

Quando tentei explicar tudo isso para o homem ao meu lado no avião, comecei a ouvir um leve ronco e me dei conta de que ele dormia profundamente. Parece que nossa conversa não afastou seu tédio.

Eu gosto muito de fazer generalizações e, ao longo deste livro, você se deparará com um mar delas. Mas justifico isso a mim mesmo dizendo que, afora as generalizações, nós, seres humanos, dispomos de parcos meios de comunicação. Essa afirmação já é, ela própria, uma generalização.

Ao escrever este livro, meu objetivo não foi persuadir as pessoas a seguir o Buda Shakyamuni, a se tornarem budistas e a praticarem o Dharma. Deliberadamente, não menciono nenhuma técnica de meditação, prática ou mantra. A minha principal intenção é destacar os elementos singulares do budismo que o distinguem das demais visões. O que foi que aquele príncipe indiano disse que conquistou tanto respeito e admiração, mesmo entre cientistas modernos céticos como Albert Einstein? O que disse ele que motivou milhares de peregrinos a fazer prostrações por todo o trajeto do Tibete até Bodh Gaya? O que diferencia o budismo das religiões do mundo? Acredito que tudo se resume aos quatro selos, e procurei apresentar esses conceitos difíceis na linguagem mais simples a mim disponível. A prioridade de Siddhartha foi descer até a raiz do problema. O budismo não é limitado por aspectos culturais. Seus benefícios não se restringem a uma sociedade em particular, nem têm lugar nos governos e na política. Siddhartha não estava interessado em tratados acadêmicos nem em teorias que pudessem ser provadas cientificamente. Se o mundo era plano ou redondo, isso não lhe dizia respeito. Ele tinha um tipo diferente de objetivo prático. Queria chegar ao fundo do sofrimento. Espero conseguir ilustrar que seus ensinamentos não formam uma filosofia intelectual grandiosa, para ser lida e depois deixada na estante; antes, constituem uma visão lógica e funcional, que pode ser praticada por todas as pessoas, sem exceção. Tendo isso em vista, procurei usar exemplos tirados de diferentes facetas de diferentes grupos sociais — desde a paixão romântica até o surgimento da civilização tal qual a conhecemos. Embora esses exemplos sejam diferentes daqueles que Siddhartha usou, a mensagem veiculada por ele continua relevante nos dias de hoje. Siddhartha também disse que suas palavras não deveriam ser aceitas sem análise. Sendo assim, com certeza alguém tão comum quanto eu também precisa passar pelo crivo do leitor. Você fica, então, convidado a analisar tudo o que vier a encontrar nestas páginas.

1
Fabricação e impermanência

O BUDA NÃO ERA UM SER CELESTIAL: era um simples ser humano; mas não tão simples, pois era um príncipe. Seu nome era Siddhartha Gautama, e ele desfrutava de uma vida privilegiada: um palácio belíssimo em Kapilavastu, esposa e filho amorosos, pais carinhosos, súditos fiéis, jardins magníficos adornados com pavões e um grande número de formosas cortesãs. Seu pai, Suddhodana, zelava para que todas as necessidades de Siddhartha fossem atendidas e todos os seus desejos satisfeitos dentro dos muros do palácio. Isso porque, quando Siddhartha era ainda bebê, um astrólogo havia previsto que, ao crescer, o príncipe talvez optasse pela vida de um eremita, e Suddhodana estava determinado a fazer com que Siddhartha o sucedesse como rei. A vida no palácio era luxuosa, segura e bem tranquila. Siddhartha nunca brigava com sua família; na verdade, cuidava dela com muito amor. Ele tinha um relacionamento fácil com todas as pessoas, afora certa tensão ocasional com um de seus primos.

À medida que Siddhartha foi crescendo, brotou nele a curiosidade de conhecer seu país e o mundo que estava além. Curvando-se aos apelos do filho, o rei deu permissão para que o príncipe se aventurasse fora dos muros do palácio, mas deu instruções precisas ao condutor da carruagem, Channa, para que ele fosse exposto apenas a coisas belas e saudáveis durante o passeio. De fato, Siddhartha apreciou muito as montanhas, os rios e toda a abundância de recursos naturais de sua terra. Quando voltavam para casa, porém, os dois se depararam com um camponês que gemia à beira da estrada, tomado pela dor de uma doença que o dilacerava. Siddhartha havia passado toda a vida cercado por guarda-costas robustos e damas da corte cheias de saúde; o som dos gemidos e a visão de um corpo consumido pela doença o chocaram. Presenciar a vulnerabilidade do corpo humano lhe causou uma profunda impressão, e ele retornou ao palácio com o coração pesado.

Com o passar do tempo, o príncipe aparentemente voltou ao normal, mas ele ansiava por uma nova jornada. De novo, Suddhodana concordou com relutância. Dessa vez, Siddhartha viu uma velha enrugada e desdentada que seguia com o passo vacilante e, imediatamente, ordenou que Channa parasse.

Ele perguntou a seu condutor: "Por que esta pessoa caminha assim?"

"Ela é velha, meu senhor", disse Channa. "O que é 'velha?'", perguntou Siddhartha.

"Os elementos do corpo dela foram desgastados pelo uso e pelo tempo", disse Channa. Abatido por aquele espetáculo, Siddhartha deixou que Channa o levasse para casa.

Agora, a curiosidade de Siddhartha não encontrava descanso — o que mais havia lá fora? Ele e Channa, então, puseram-se a caminho, em uma terceira jornada. Novamente, ele apreciou a beleza da região, os montes e riachos. Mas, quando estavam voltando para casa, encontraram quatro pessoas que carregavam um corpo inerte deitado sobre um palanquim. Em toda a sua vida, Siddhartha nunca havia visto nada parecido. Channa explicou que aquele corpo definhado, na verdade, estava morto.

Siddhartha perguntou: "A morte também acontece às outras pessoas?"

Channa respondeu: "Sim, meu senhor, acontece a todas elas."

"Acontecerá a meu pai? Mesmo a meu filho?"

"Sim, a todos. Seja a pessoa rica ou pobre, de casta nobre ou inferior, ninguém consegue escapar da morte. É esse o destino de todos que nascem neste mundo."

Ao ouvir pela primeira vez a história de como nasceu a compreensão de Siddhartha, podemos concluir que claramente faltava a ele sofisticação. Parece estranho ouvir um príncipe, educado para liderar todo um reino, fazendo perguntas tão simplórias. *Nós*, porém, é que somos ingênuos. Nesta era da informação, vivemos cercados por imagens de ruína e morte — decapitações, touradas, assassinatos sangrentos. Longe de nos recordar de nosso próprio destino, essas imagens são usadas para entretenimento e lucro. A morte passou a ser um bem de consumo. A maioria de nós não contempla a natureza da morte em um nível mais profundo. Não nos damos conta de que nosso corpo e o meio ambiente são compostos por elementos instáveis que podem se desintegrar à mínima provocação. É claro que sabemos que um dia vamos morrer. No entanto, a menos que haja o diagnóstico de uma doença terminal, a maioria de nós imagina que por enquanto está salvo. Nas raras ocasiões em que pensamos sobre a morte, nos perguntamos: *Quanto será que vou herdar?* ou *Onde vão jogar as minhas cinzas?* Nesse sentido, somos pouco sofisticados.

Após a terceira jornada, Siddhartha ficou verdadeiramente desanimado diante de sua impotência em proteger seus súditos, seus pais e, sobretudo, sua amada esposa Yashodhara e o filho Rahula, diante da inevitabilidade da morte. Ele tinha recursos para impedir aflições como pobreza, fome e falta de abrigo, mas não podia defendê-los da velhice e da morte. Quando esses pensamentos passaram a consumi-lo, Siddhartha tentou discutir a mortalidade com seu pai. O rei, compreensivelmente, ficou perplexo ao ver o príncipe tão enredado no que considerava ser um dilema teórico. Suddhodana também passou a se preocupar cada vez mais com a possibilidade de seu filho vir a cumprir a profecia e optar pelo caminho do ascetismo, em vez sucedê-lo como legítimo herdeiro do trono. Naquele tempo, não era incomum que hindus abastados e privilegiados se tornassem ascetas. Suddhodana, externamente, procurou deixar de lado a fixação de Siddhartha, mas ele não havia se esquecido da profecia.

Não se tratava, porém, de uma reflexão melancólica passageira. Siddhartha estava obcecado. Para evitar que o príncipe mergulhasse ainda mais em sua depressão, Suddhodana ordenou que ele não voltasse a sair do palácio e, em segredo, deu instruções aos criados reais para que vigiassem o filho de perto. Enquanto isso, como qualquer pai preocupado, ele fez tudo o que estava a seu alcance para consertar a situação, procurando ocultar das vistas do príncipe qualquer outro indício de morte e deterioração.

Chocalhos e outras distrações

De muitas maneiras, somos todos como Suddhodana. Na vida cotidiana, temos o impulso de resguardar, a nós mesmos e aos outros, da verdade. Tornamo-nos insensíveis aos sinais óbvios de decomposição. Procuramos nos animar não "esquentando a cabeça" ou nos dizendo palavras de reforço positivo. Comemoramos nosso aniversário soprando velas, ignorando o fato de que as velas apagadas poderiam, igualmente, ser vistas como um lembrete de que estamos um ano mais perto da morte. Celebramos o Ano Novo com fogos de artifício e champanhe, desviando a atenção do fato de que o ano velho jamais voltará e o ano novo chega repleto de incertezas — qualquer coisa pode acontecer.

Quando essa "coisa" é desagradável, deliberadamente deixamos de lhe dar atenção, como uma mãe que distrai o filho com chocalhos e brinquedos. Se estamos deprimidos, presenteamo-nos com coisas que nos agradem, ou então vamos às compras ou ao cinema. Construímos fantasias e voltamos os olhos para as conquistas de uma vida: uma casa na praia, uma placa ou troféu, aposentadoria antecipada, belos carros, bons amigos, uma família feliz, fama, ingressar no *Livro dos Recordes Guinness*. Quando vamos ficando mais velhos, desejamos um companheiro dedicado com o qual possamos fazer um cruzeiro ou criar *poodles* de raça. As revistas e a televisão apresentam e reforçam esses modelos de felicidade e sucesso, sempre inventando novas ilusões para nos aprisionar. Esses conceitos de sucesso são nossos chocalhos de gente grande. Quase nada do que fazemos ao longo de um dia — nem em pensamento nem em ação — indica que estamos conscientes do quanto a vida é frágil. Perdemos tempo em coisas como esperar na fila para ver um filme ruim ou correr para casa para assistir um *reality show* na TV. Enquanto ficamos sentados, assistindo comerciais, esperando... nosso tempo nesta vida se esvai.

Um raro vislumbre da velhice e da morte foi suficiente para despertar em Siddhartha o anseio de ser exposto a toda a verdade. Após a terceira jornada, ele tentou por diversas vezes deixar o palácio sozinho, mas sempre em vão. Então, numa noite memorável, depois das festas e folguedos de costume, um encanto misterioso caiu sobre o palácio, tomando conta de todos, menos de Siddhartha. Ele perambulou pelos salões e descobriu que todos, do Rei Suddhodana ao mais humilde criado, dormiam profundamente. Os budistas acreditam que esse sono coletivo foi fruto do mérito coletivo dos seres humanos, já que foi o evento propulsor que levou à criação de um ser grandioso.

Sem necessidade de agradar aos nobres, as cortesãs roncavam com a boca aberta e as pernas escarrapachadas, seus dedos enfeitados largados nos pratos de *curry*. Como flores esmagadas, elas haviam perdido a beleza. Siddhartha não se apressou em pôr aquilo em ordem, como talvez o fizéssemos; aquela visão apenas fortaleceu sua determinação. A beleza perdida era apenas mais uma prova da impermanência. Enquanto todos dormiam entorpecidos, o príncipe finalmente conseguiu partir sem ser observado. Depois de voltar um último olhar para Yashodhara e Rahula, ele mergulhou na noite.

De muitas maneiras, somos semelhantes a Siddhartha. Podemos não ser príncipes nem ter pavões, mas temos nossas carreiras, gatos de estimação e inúmeras responsabilidades. Possuímos nossos palácios particulares: uma quitinete em uma favela, um apartamento de dois níveis em um bairro arborizado, ou uma cobertura em Paris — e também nossas Yashodharas e Rahulas. E as coisas saem do trilho o tempo todo. Os eletrodomésticos quebram, os vizinhos discutem, o telhado vaza. As pessoas que amamos morrem ou, quem sabe, são apenas a estampa da morte antes de acordar pela manhã, o maxilar frouxo como as cortesãs de Siddhartha. Talvez cheirem a cigarro ou ao molho de alho da noite anterior. Eles nos azucrinam e mastigam com a boca aberta. No entanto, ficamos presos ali, por nossa própria vontade; não tentamos escapar. Ou, se ficamos fartos e pensamos, *Agora chega!*, é possível que deixemos um relacionamento apenas para começar tudo de novo com outra pessoa. Nunca nos cansamos desse ciclo, porque acreditamos e esperamos que nossa cara-metade ou um Shangri-la perfeito estejam em algum lugar, nos aguardando. Quando nos deparamos com as irritações do dia a dia, nosso reflexo é pensar que podemos consertar as coisas: tudo pode ser arrumado, dentes podem ser escovados, podemos nos sentir inteiros.

Pode ser, também, que imaginemos que algum dia iremos alcançar a maturidade perfeita aprendendo com as lições da vida. Esperamos nos transformar em velhos sábios, como Yoda, sem nos dar conta de que a maturidade é apenas um outro aspecto do perecimento.

Inconscientemente, somos cativados pela expectativa de chegar a um estágio em que nunca mais será necessário consertar nada. Um dia chegaremos no "felizes para sempre". Estamos convencidos da noção de "desfecho". É como se tudo o que vivenciamos até agora, nossa vida inteira até este momento, fosse um ensaio geral. Acreditamos que nossa grande performance ainda está por vir, de modo que não vivemos o dia de hoje. Para a maioria das pessoas, esse infindável gerenciamento, arrumação e melhoramento é a definição de "viver". Na realidade, estamos esperando que a vida comece. Quando cutucados, a maioria de nós admite que está trabalhando para chegar em um momento futuro de perfeição: aposentadoria em um chalé em Kennebunkport ou em uma cabana na Costa Rica. Ou, talvez, sonhemos em passar nossos últimos anos no bosque idealizado de uma gravura chinesa, meditando placidamente em uma casa de chá com vista para uma cachoeira e um lago com carpas coloridas.

Temos, também, a tendência de pensar que após nossa morte o mundo continuará a existir. O mesmo Sol há de brilhar e os mesmos planetas descreverão sua órbita, assim como o fizeram, imaginamos, desde o princípio dos tempos. Nossos filhos herdarão a Terra. Tudo isso demonstra nossa imensa ignorância a respeito das persistentes mutações deste mundo e de todos os fenômenos. Os filhos nem sempre sobrevivem aos pais e, enquanto estão vivos, não se enquadram necessariamente em nosso ideal. Seu filhinho meigo e bem-comportado, depois de grande, pode virar um bandido que cheira cocaína e traz para casa amantes de todos os tipos. Pais rigidamente heterossexuais produzem alguns dos homossexuais mais afetados do planeta, do mesmo modo que *hippies* descontraídos, às vezes, acabam com filhos neoconservadores. Ainda assim, continuamos a nos apegar ao arquétipo da família e ao sonho de ver nosso sangue, feições, sobrenome e tradições perpetuados em nossa prole.

Buscar a verdade pode parecer uma coisa ruim

É importante entender que o príncipe não estava abandonando as responsabilidades familiares, nem fugindo do serviço militar para viver um sonho romântico ou para se juntar a uma comunidade de praticantes de agricultura orgânica. Ele estava saindo de casa com a determinação de um marido que sacrifica seu conforto a fim de adquirir provisões necessárias e valiosas para seus familiares, ainda que eles não vissem as coisas do mesmo modo. Podemos apenas imaginar a dor e a decepção de Suddhodana na manhã seguinte. É a mesma decepção experimentada por um pai ou uma mãe, hoje, ao descobrir que o filho fugiu para Katmandu ou Ibiza para perseguir uma visão utópica, como os *hippies* da década de 1960 (muitos dos quais vindos de lares confortáveis e prósperos). Em vez de usar calças boca-de-sino, piercing, cabelo roxo ou tatuagens, Siddhartha se rebelou tirando suas vestes principescas. Descartando essas peças que o identificavam como um aristocrata bem-educado, ele se cobriu apenas com um pedaço de pano e se tornou um pedinte sem rumo.

Nossa sociedade, tão acostumada a julgar as pessoas pelo que elas têm, e não pelo que elas são, esperaria que Siddhartha ficasse no palácio, usufruísse uma vida privilegiada e levasse adiante o nome da família. O modelo de sucesso de nosso mundo é Bill Gates. Raramente pensamos em termos do sucesso de Gandhi. Em certas sociedades asiáticas, assim como também no Ocidente, os pais pressionam os filhos para obter êxitos acadêmicos em um grau muito além do que pode ser considerado saudável. Esses filhos precisam de boas notas para serem aceitos em escolas de primeira linha, e precisam de diplomas dessas escolas para conseguir um alto cargo em um banco. E tudo isso só para que a família possa perpetuar sua dinastia pela eternidade.

Imagine que de uma hora para outra, ao tomar consciência da morte e da velhice, seu filho abandone uma carreira brilhante e lucrativa. Ele não vê mais sentido em trabalhar catorze horas por dia, bajular o patrão, devorar concorrentes, destruir o meio ambiente, contribuir para o trabalho infantil e viver sob constante tensão apenas para ter umas poucas semanas de férias por ano. Ele comunica que pretende vender as ações que possui, doar tudo a um orfanato e seguir uma vida errante. O que você faria? Iria lhe desejar boa sorte e gabar-se, diante dos amigos, de como seu filho finalmente criou juízo? Ou você o acusaria de estar sendo completamente irresponsável e o mandaria para um psiquiatra?

A mera aversão pela morte e pela velhice não foi razão suficiente para que o príncipe desse as costas à vida palaciana e rumasse para o desconhecido. Siddhartha foi impelido a um gesto tão drástico porque não conseguia racionalizar o fato de ser esse o destino de todos os seres que já haviam existido e de todos os que viriam a existir. Se tudo que nasce tem de se deteriorar e morrer, então todos os pavões no jardim, as joias, os dosséis, o incenso e a música, a bandeja de ouro sobre a qual repousavam seus chinelos, os vinhos importados, a ligação com Yashodhara e Rahula, com sua família e seu país — nada daquilo tinha sentido. Qual era o propósito daquilo tudo? Por que uma pessoa em seu perfeito juízo haveria de derramar sangue e lágrimas por algo que, ela sabe, irá se evaporar ou ter que ser abandonado um dia? Como poderia ele continuar a viver a felicidade artificial de seu palácio?

Podemos nos perguntar para onde Siddhartha poderia ir. Dentro ou fora do palácio, não havia lugar algum onde encontrar refúgio diante da morte. Nem toda a sua fortuna real conseguiria lhe comprar uma prorrogação. Será que ele estava em busca da imortalidade? Sabemos que isso seria fútil. Entretemo-nos com mitos fantásticos sobre deuses gregos imortais e com histórias sobre o Santo Graal, o elixir da imortalidade e Ponce de León liderando os conquistadores em sua busca infrutífera pela fonte da juventude. Rimos do lendário imperador chinês Qin Shi Huang, que despachou uma delegação de meninos e meninas virgens para terras longínquas, à procura de poções que conferissem longa vida. Poderíamos imaginar que Siddhartha estivesse em busca das mesmas coisas. É bem verdade que ele deixou o palácio com certa ingenuidade — ele não iria conseguir fazer com que a mulher e o filho vivessem para sempre —, mas sua busca não era fútil.

O que o Buda descobriu

Sem um único instrumento científico, o príncipe Siddhartha sentou-se sobre o chão coberto de capim *kusha*, debaixo de uma árvore *ficus religiosa* para investigar a natureza humana. Após um longo período de contemplação, ele chegou à compreensão de que todas as formas, inclusive nossa carne e ossos, assim como todas as nossas emoções e todas as nossas percepções, são compostas: são o produto da junção de duas ou mais coisas. Quando dois ou mais componentes se juntam, surge um novo fenômeno: pregos e madeira se transformam numa mesa; água e folhas se transformam em chá; medo, devoção e um salvador se transformam em Deus. O produto final não tem existência independente de suas partes. Acreditar que ele realmente exista de forma independente é o maior dos enganos. Nesse meio tempo, as partes passaram por uma mudança. Simplesmente por estarem reunidas, sua natureza se alterou e, juntas, transformaram-se em uma outra coisa — elas passaram a ser "compostas".

Siddhartha compreendeu que isso se aplica não só à experiência humana, mas a toda a matéria, ao mundo inteiro, ao universo, pois todas as coisas são interdependentes, todas estão sujeitas a mudanças. Em toda a criação, não há um único componente que exista em um estado puro, permanente e autônomo. Nem o livro que você está segurando, nem os átomos, nem mesmo os deuses. Tudo o que existe na esfera de nossa mente, mesmo que apenas em imaginação — como, por exemplo, um homem com quatro braços —, depende da existência de alguma outra coisa. Assim, Siddhartha descobriu que a impermanência não significa morte, como geralmente pensamos; significa mudança. Tudo o que muda em relação a uma outra coisa, ainda que seja a menor das alterações, está sujeito à lei da impermanência.

Em meio a essa compreensão, Siddhartha, finalmente, encontrou um caminho para contornar o sofrimento da mortalidade. Ele aceitou que a mudança é inevitável e que a morte é apenas um componente desse ciclo. Além disso, deu-se conta de que não existia um ser todo-poderoso capaz de reverter o caminho que leva à morte; assim, também não havia nenhuma esperança que pudesse aprisioná-lo. Onde não há esperança cega tampouco há decepção. Se a pessoa sabe que tudo é impermanente, não precisa se agarrar a nada; com essa atitude, ela não pensa em termos daquilo que tem e do que lhe falta e, portanto, vive plenamente.

O fato de Siddhartha ter acordado da ilusão da permanência justifica que o chamemos de o Buda, Aquele que Despertou. O que ele descobriu e ensinou — vemos agora, 2.500 anos depois — representa um tesouro inestimável que tem inspirado milhões de pessoas, educadas e analfabetas, ricas e pobres, do Rei Ashoka a Allan Ginsberg, de Kublai Khan a Gandhi, de S.S. o Dalai Lama aos Beastie Boys. Por outro lado, se Siddhartha estivesse conosco nos dias de hoje, ficaria mais do que um pouco decepcionado, pois, em sua maior parte, suas descobertas permanecem sem serventia. O que não quer dizer que a tecnologia moderna seja tão fenomenal que as descobertas de Siddhartha tenham sido refutadas: ninguém se tornou imortal. Todos têm de morrer em algum momento; estima-se que 250.000 seres humanos o façam todos os dias. Pessoas próximas a nós já morreram e vão morrer. No entanto, ainda ficamos chocados e tristes quando alguém que nos é caro falece, e continuamos à procura da fonte da juventude ou de uma fórmula secreta para a longa vida. Idas a lojas de produtos orgânicos, frascos de cremes antirrugas, como DMAE e retinol, aulas de *power yoga*, ginseng coreano, cirurgia plástica, injeções de colágeno e loções hidratantes, são claros indícios de que secretamente compartilhamos com o Imperador Qin o desejo pela imortalidade.

O Príncipe Siddhartha não queria nem precisava mais do elixir da imortalidade. Ao compreender que todas as coisas são compostas, que a desconstrução vai até o infinito e que nenhum dos componentes, em toda a criação, existe em um estado puro, permanente e autônomo, ele encontrou a libertação.

Uma coisa formada por agregação (ou seja, todas as coisas) e sua natureza impermanente são intimamente ligadas, como a água e o gelo. Quando colocamos uma pedra de gelo em nossa bebida, as duas coisas vêm juntas. Do mesmo modo, quando Siddhartha olhava para alguém andando aqui ou ali, mesmo a mais saudável das pessoas, ele via aquela pessoa como viva e, ao mesmo tempo, desintegrando-se. Talvez lhe pareça que esse é um jeito pouco divertido de viver a vida, mas pode ser uma experiência incrível enxergar os dois lados — e muito gratificante, também. Não é como viver numa montanha-russa de esperanças e desilusões, subindo e descendo todo o tempo. Quando enxergamos as coisas dessa maneira, elas começam a se dissolver à nossa volta. Nossa percepção dos fenômenos se transforma e, de certo modo, se aclara. É tão fácil ver como as pessoas ficam presas na montanha-russa e, naturalmente, temos compaixão por elas. Um dos motivos pelos quais sentimos compaixão é o fato de a impermanência ser tão óbvia e, ainda assim, as pessoas não a enxergarem.

O império do "por enquanto"

Por natureza, o ato de agregar é enfeixado pelo tempo: há um começo, um meio e um fim. Este livro não existia antes; parece existir agora; e, um dia, vai se desintegrar. Do mesmo modo, a pessoa que existia ontem — ou seja, seu "eu" — é diferente da pessoa que existe hoje. Seu mau humor se transformou em bom humor; talvez você tenha aprendido algo novo; você tem novas lembranças; o machucado em seu joelho sarou um pouco. Nossa existência aparentemente contínua é uma série de começos e fins amarrados pelo tempo. Mesmo o ato da criação depende do tempo: o tempo antes do existir, o tempo do vir-a-ser e o fim do ato da criação.

Aqueles que acreditam em um Deus todo-poderoso geralmente não analisam seu próprio conceito de tempo, porque pressupõem que Deus independa do tempo. Para darmos crédito a um criador todo-poderoso, onipotente, precisamos incluir na equação o fator tempo. Se este mundo sempre existiu, que necessidade haveria da criação? Assim, é forçoso que ele não tenha existido por um período de tempo antes da criação e, portanto, uma sequência temporal se faz necessária. Dado que o criador — digamos, Deus — necessariamente obedece às leis do tempo, ele também tem de ficar sujeito a mudança, ainda que a única mudança que sofra seja a criação deste mundo. E não há problema nisso. Um Deus onipresente e permanente não poderia mudar; então, é melhor ter um Deus impermanente que possa responder a preces e modificar as condições meteorológicas. Contudo, desde que as ações de Deus constituam uma reunião de começos e fins, ele será impermanente; em outras palavras, sujeito a incertezas e não confiável. Se não há papel, não há livro. Se não há água, não há gelo. Se não há começo, não há fim. A existência de um depende fundamentalmente da existência do outro; portanto, não podemos falar em independência verdadeira. Por causa da interdependência, se um componente — a perna de uma mesa, por exemplo — sofre uma alteração, ainda que pequena, a integridade do todo é comprometida, desestabilizada. Embora acreditemos poder controlar as mudanças, na maior parte do tempo isso não é possível em virtude das inúmeras influências ocultas que nos passam despercebidas. E, graças à interdependência, a desintegração de todas as coisas, em seu estado atual ou original, é inevitável. Toda mudança contém em si um elemento de morte. O dia de hoje é a morte do dia de ontem.

A maioria das pessoas aceita que tudo o que nasce algum dia morrerá; no entanto, nossas definições de "tudo" e "morte" podem variar. Para Siddhartha, *nascimento* abarca toda a criação — não só as flores, os cogumelos e seres humanos, mas tudo o que nasce ou se agrega, de qualquer forma. E morte abarca todo tipo de desintegração ou desagregação. Siddhartha não dispunha de verbas para pesquisa nem de assistentes: tinha apenas a poeira tórrida da Índia e, por testemunha, uns poucos búfalos que passavam. Com esses instrumentos, ele compreendeu a verdade da impermanência em um nível profundo. Sua compreensão não foi algo espetacular, como a descoberta de uma nova estrela; ela não foi moldada para propor um julgamento moral nem instituir uma religião ou movimento social; tampouco, trazia uma profecia. A impermanência é um fato simples e mundano; é altamente improvável que, um dia desses, um objeto composto nocivo passe a ser permanente. Ainda menos provável seria nossa capacidade de provar algo assim. Entretanto, nossa atitude, hoje, é deificar o Buda ou, então, tentar suplantá-lo com nossa avançada tecnologia.

E continuamos a ignorar

Dois mil, quinhentos e trinta e oito anos depois de Siddhartha ter atravessado as portas de seu palácio — em uma época do ano em que milhões e milhões de pessoas estão ocupadas com comemorações, diversões e a expectativa de um novo começo, numa época em que alguns se lembram de Deus e outros se aproveitam de lojas em liquidação — um *tsunami* catastrófico abalou o mundo. O horror do acontecimento deixou sem fôlego até mesmo a mais fria das pessoas. À medida que as cenas iam se desenrolando na televisão, a vontade de alguns era que Orson Welles interrompesse a transmissão para anunciar que aquilo tudo era uma invenção, ou que o Homem-Aranha aparecesse para salvar todos.

Sem dúvida, o coração do príncipe Siddhartha ficaria partido ao ver as vítimas do *tsunami* atiradas sobre a areia da praia. Seu coração, porém, ficaria ainda mais partido pelo fato de termos sido pegos de surpresa, prova de nossa constante recusa em enxergar a impermanência. Este planeta é feito de magma volátil. Todas as massas de terra — a Austrália, Taiwan, as Américas — são como o orvalho prestes a cair de uma folha. No entanto, arranha-céus e túneis continuam a ser construídos sem parar. Nosso insaciável desmatamento — por conta de pauzinhos para comer descartáveis e da enxurrada de publicidade via correio — apenas convida a impermanência a agir mais rápido. Não deveríamos nos surpreender ao constatar os sinais do fim de fenômeno algum, mas custamos a nos convencer.

NO ENTANTO, mesmo depois de um lembrete arrasador como esse *tsunami*, a morte e a devastação logo serão camufladas e esquecidas. *Resorts* de luxo serão construídos no exato local em que as famílias foram identificar os corpos de seus entes queridos. As pessoas do mundo continuarão empenhadas em juntar e montar a realidade, na esperança de conseguir felicidade duradoura. A vontade de ser "feliz para sempre" nada mais é do que o desejo de permanência disfarçado. Fabricar conceitos como "amor eterno", "felicidade para sempre" e "salvação", gera mais evidências da impermanência. Nossa intenção e o resultado obtido são desencontrados. Pretendemos estabelecer nosso mundo e nossa pessoa, mas esquecemos que a corrosão começa assim que a criação começa. Nossa meta não é a desintegração, mas o que fazemos conduz diretamente à desintegração.

No mínimo, o Buda nos aconselhou, precisamos tentar manter presente o conceito de impermanência, em vez de ocultá-lo deliberadamente. Se permanecemos conscientes de que os fenômenos são compostos, ganhamos consciência da interdependência. Ao reconhecer a interdependência, reconhecemos a impermanência. E, quando lembramos que as coisas são impermanentes, há menor probabilidade de sermos escravizados por suposições, crenças rígidas (tanto religiosas quanto leigas), escalas de valores ou fé cega. Essa consciência impede que sejamos enredados por todo tipo de drama pessoal e político e por problemas de relacionamento. Começamos a perceber que as coisas não estão inteiramente sob controle nem nunca estarão, de modo que não há a expectativa de que venham a sair de acordo com nossas esperanças e temores. Não há ninguém em quem pôr a culpa quando as coisas saem errado, porque são inúmeras as causas e condições que poderiam ser as culpadas. Podemos dirigir essa consciência para os confins de nossa imaginação e de volta até as partículas subatômicas. Nem nos átomos se pode confiar.

Instabilidade

Este planeta Terra no qual você se encontra neste exato momento, lendo este livro, um dia vai se transformar num lugar sem vida como Marte — se antes disso não for destroçado por um meteorito. Ou, talvez, um supervulcão obscureça a luz do Sol, extinguindo toda forma de vida sobre a Terra. Muitas das estrelas que contemplamos romanticamente no céu noturno já se foram há muito tempo; o que apreciamos são os raios de estrelas que se extinguiram um milhão de anos-luz atrás. Na superfície desta nossa frágil Terra, os continentes ainda estão se deslocando. Há 300 milhões de anos, os continentes americanos que conhecemos hoje formavam um único supercontinente, chamado pelos geólogos de Pangeia.

Não precisamos, porém, esperar 300 milhões de anos para presenciar mudanças. Mesmo durante uma curta vida humana assistimos ao desaparecimento do conceito grandiloquente de império, como uma poça d'água que se evapora na areia quente. Por exemplo, a Índia tinha uma imperatriz que morava na Inglaterra e cuja bandeira tremulava em países pelo mundo afora. Hoje, porém, o Sol efetivamente se põe sobre a bandeira da Inglaterra. As assim chamadas nacionalidades e etnias com as quais nos identificamos tanto estão em constante mudança. Por exemplo, guerreiros como os maoris e os navajos, que no passado dominaram seus territórios por centenas de anos, hoje vivem como minorias confinadas a reservas superpovoadas, ao passo que os imigrantes que chegaram da Europa nos últimos 250 anos constituem maiorias dominantes. Os chineses Han costumavam se referir ao povo manchu como "eles", mas, desde que a China decidiu ser uma república formada por diversos grupos étnicos, os manchus agora são "nós". Não obstante, essas constantes transformações não nos impedem de sacrificar vidas para criar potências, fronteiras e sociedades. Quanto sangue foi derramado em nome de sistemas políticos ao longo dos séculos? Cada sistema é composto e moldado a partir de inúmeros fatores instáveis: economia, safras, ambição pessoal, a condição cardiovascular de um líder, luxúria, amor e sorte. Líderes lendários também são instáveis: alguns perdem a popularidade porque fumam mas não tragam; outros chegam ao poder por causa de picotes malfeitos em cédulas eleitorais. As complexidades da impermanência e a instabilidade de todos os fenômenos compostos só fazem crescer no campo das relações internacionais, porque as definições de "aliado" e "inimigo" estão em constante mudança. Houve um tempo em que os Estados Unidos criticavam, violenta e cegamente, um inimigo chamado "comunismo". Mesmo Che Guevara, um grande herói social, era condenado como terrorista, porque pertencia a um certo partido e usava uma estrela vermelha na boina. Pode bem ser que ele sequer fosse o comunista perfeito que retratávamos. Poucas décadas depois, a Casa Branca está agora a cortejar a China, o maior país comunista do globo, concedendo-lhe o *status* de "Nação Mais Favorecida" e fazendo vista grossa para as mesmíssimas coisas que antes faziam soar o grito de guerra americano.

Deve ter sido por causa da natureza volátil das amizades e inimizades que, quando Channa implorou para servir o príncipe em sua busca pela verdade, Siddhartha recusou. Mesmo seu mais próximo confidente e amigo estava sujeito a mudança. Com frequência, sentimos o ir-e-vir das alianças em nossos relacionamentos pessoais. O melhor amigo, com quem você compartilha os segredos mais íntimos, pode se tornar seu pior inimigo, já que ele tem o poder de voltar essa intimidade contra você. O presidente Bush, Osama Bin Laden e Saddam Hussein foram protagonistas de uma conturbada ruptura pública. O trio desfrutou por muito tempo de um relacionamento agradável, mas, agora, passou a representar o protótipo dos arqui-inimigos. Valendo-se de um íntimo conhecimento recíproco, eles embarcaram numa cruzada sanguinolenta para fazer valer suas diferentes versões de "moral", ao preço de milhares e milhares de vidas.

Visto que temos orgulho de nossos princípios e, com frequência, os impomos aos outros, o conceito de moralidade ainda guarda um resquício de valor. No entanto, a definição de "moralidade" vem se modificando ao longo de toda a história, oscilando segundo o clima cultural de cada época. As flutuações do barômetro americano sobre o que é politicamente correto ou incorreto deixam qualquer um de queixo caído. Sejam quais forem as palavras que você usar para se referir às diferentes etnias e grupos culturais, alguém acaba por se ofender. As regras continuam mudando. Um dia, convidamos um amigo para jantar e, como ele é um vegetariano fanático, temos que ajustar o cardápio ao gosto dele. Já da próxima vez que ele aparece, pergunta onde está a carne, pois agora é um seguidor ferrenho do regime das proteínas. Ou alguém que prega a abstinência antes do casamento pode, de repente, se tornar bastante promíscuo, depois de experimentar o ato uma vez.

A arte asiática antiga retrata mulheres caminhando com os seios expostos; mesmo em tempos mais recentes, algumas sociedades asiáticas viam como aceitável as mulheres se apresentarem com o torso descoberto. Então, a junção dos fenômenos da televisão e dos valores ocidentais introduziu uma nova ética. De repente, passou a ser moralmente incorreto não usar sutiã; uma mulher que não cubra os seios é considerada vulgar e pode mesmo ser presa. Países outrora libertários agora se empenham em adotar essa ou aquela nova ética, prescrevendo sutiãs e que o corpo seja encoberto tanto quanto possível, mesmo durante a tórrida estação das chuvas. Os seios não são intrinsecamente maus; os seios não mudaram, mas a moral mudou. A mudança transformou os seios em algo pecaminoso, levando a Comissão Federal de Comunicações dos Estados Unidos a multar a rede de televisão CBS em 550 mil dólares pela exposição de apenas um dos mamilos de Janet Jackson por três segundos.

Causas e condições: o ovo está cozido e não há nada que se possa fazer

Quando Siddhartha falou de "todas as coisas compostas", ele não estava se referindo somente a fenômenos perceptíveis óbvios, como o DNA, seu cachorro, a Torre Eiffel, o óvulo e o espermatozoide. A mente, o tempo, a memória e Deus também são compostos. Cada elemento composto, por sua vez, depende de diversas camadas de composição. De igual modo, quando ele ensinou a impermanência, foi além do entendimento convencional de "o fim", como, por exemplo, a noção de que a morte acontece uma vez e aí tudo acaba. A morte é um processo contínuo a partir do momento do nascimento, a partir do momento da criação. Cada mudança é uma forma de morte e, portanto, cada nascimento contém a morte de alguma outra coisa. Considere o cozimento de um ovo de galinha. Sem constante mudança, não seria possível cozinhar o ovo. O resultado, ou seja, o ovo cozido, requer algumas causas e condições básicas. Obviamente, é preciso um ovo, uma panela com água e algum elemento de calor. Há também umas outras tantas causas e condições não tão essenciais, como uma cozinha, luz, um contador de tempo, uma mão para colocar o ovo na panela. Uma outra condição importante é a ausência de interrupção, como falta de energia ou o aparecimento de uma cabra que derrube a panela. Além disso, cada condição — a galinha, por exemplo — requer um outro conjunto de causas e condições. Ela depende de uma outra galinha ter botado um ovo para que ela pudesse nascer, de um lugar seguro para que isso acontecesse e de alimento para ajudá-la a crescer. A ração precisa ser cultivada em algum lugar e precisa ser ingerida pela galinha. Podemos continuar desmembrando os requisitos indispensáveis e dispensáveis até o nível subatômico, em meio a uma crescente profusão de formas, aspectos, funções e rótulos.

Quando as inúmeras causas e condições estão todas reunidas e não há nenhum obstáculo ou interrupção, o resultado é inevitável. Muitos tomam isso erroneamente por destino ou sorte, mas, pelo menos no princípio, ainda temos o poder de intervir nas condições. A partir de um certo ponto, porém, mesmo se rezarmos para que o ovo não cozinhe, ele vai cozinhar.

Assim como o ovo, *todos* os fenômenos são o produto de inúmeros componentes e, por conseguinte, estão sujeitos a alterações. Quase todos esses múltiplos componentes fogem de nosso controle e por isso desafiam nossas expectativas. O candidato menos promissor à presidência pode vir a ganhar as eleições e conduzir o país à prosperidade e bem-estar. O candidato para quem você trabalhou pode vir a ganhar e levar o país ao caos econômico e social, transformando sua vida num inferno. Talvez você pense que uma política liberal de esquerda seja sinônimo de política esclarecida, mas ela, na verdade, pode dar causa a fascismo e *skinheads*, por sua complacência, ou, mesmo, por pregar a tolerância para com os intolerantes. Ou por proteger os direitos humanos daqueles cujo único objetivo é destruir os direitos humanos das outras pessoas. A mesma imprevisibilidade se aplica a todas as formas, sentimentos, percepções, tradições, amor, confiança, desconfiança e ceticismo — mesmo à relação entre mestres espirituais e seus discípulos, entre os homens e seus deuses.

Todos esses fenômenos são impermanentes. Tome o ceticismo, por exemplo. Houve, certa vez, um canadense que era o protótipo de um homem cético. Ele gostava de frequentar ensinamentos budistas para polemizar com os professores. Na verdade, ele era versado em filosofia budista, de modo que seus argumentos eram sólidos. Ele adorava citar o ensinamento budista segundo o qual as palavras do Buda devem ser analisadas, e não tomadas por certas. Passaram-se alguns anos, e lá está ele como o seguidor devoto de um famoso médium. O cético rematado senta-se à frente de seu guru, enquanto ele canta, com lágrimas jorrando dos olhos, fiel a uma entidade que não tem um pingo de lógica para oferecer. A fé ou devoção tem uma conotação genérica de ser firme, mas, como o ceticismo e como todos os fenômenos compostos, é impermanente.

Quer você se orgulhe de sua religião, quer de não pertencer a nenhuma religião, a fé tem um papel importante em sua existência. Mesmo o "não acreditar" depende da fé — fé cega e total em sua lógica ou motivos pessoais, com base em seus sentimentos em constante mudança. Assim, não é de surpreender que aquilo que antes parecia tão convincente não consiga mais nos persuadir. A natureza ilógica da fé não é nem um pouco sutil; na verdade, a fé é um dos fenômenos mais compostos e interdependentes que existem. Ela pode ser desencadeada pelo olhar certo, na hora certa, no lugar certo. Sua fé pode depender de uma compatibilidade superficial. Suponhamos que você seja um misógino e encontre uma pessoa que esteja pregando repulsa às mulheres. Ela vai lhe parecer poderosa; você concordará com ela e terá alguma fé naquela pessoa. Algo tão inconsequente quanto uma preferência comum por *aliche* é capaz de incrementar sua devoção. Ou, talvez, uma pessoa ou instituição tenha a capacidade de diminuir seu medo do desconhecido. Outros fatores como a família, país ou sociedade em que você nasceu integram a composição dos elementos que, juntos, chamamos de fé.

    Os cidadãos de muitos países em que os governantes são budistas, como o Butão, a Coréia, o Japão e a Tailândia, têm um comprometimento cego com a doutrina budista. Por outro lado, muitos jovens nesses países se desiludem com o budismo, por falta de informação ou por haver muitas distrações que impedem que os fenômenos da fé se aglutinem, e eles acabam seguindo uma outra fé, ou seguindo sua própria razão.

A impermanência trabalha a nosso favor

Há muitos benefícios em compreender a noção de composição, de como a criação de um simples ovo cozido envolve um número enorme de fenômenos. Quando aprendemos a enxergar as partes que se reúnem para compor todas as coisas e situações, aprendemos a cultivar perdão, compreensão, abertura mental e destemor. Por exemplo, algumas pessoas ainda identificam Mark Chapman como o único culpado pelo assassinato de John Lennon. Talvez, se nossa veneração pelas celebridades não fosse tão grande, Mark Chapman não tivesse criado a fantasia de tirar a vida de John Lennon. Vinte anos depois do fato, Chapman admitiu que, quando atirou em John Lennon, ele não o via como um ser humano real. Sua instabilidade mental foi causada por um grande número de fatores reunidos (química cerebral, criação, sistema público de saúde mental dos Estados Unidos). Quando conseguimos enxergar como uma mente doente e atormentada se compõe, e entender as condições em que opera, temos mais condições de compreender e perdoar os Mark Chapmans do mundo. Como no caso do ovo cozido, mesmo que rezássemos para que o assassinato não ocorresse, ele seria inevitável.

No entanto, é possível que, mesmo com essa compreensão, continuemos a temer Mark Chapman por causa de sua imprevisibilidade. O medo e a ansiedade são os estados psicológicos dominantes da mente humana. Por trás do medo há um constante anseio por certeza. Temos medo do desconhecido. A vontade da mente de obter confirmação tem sua raiz em nosso medo da impermanência.

O destemor nasce quando você consegue apreciar a incerteza, quando você tem fé na impossibilidade de componentes interligados permanecerem estáticos e constantes. Você chegará ao ponto em que, de um modo muito verdadeiro, estará preparado para o pior ao mesmo tempo em que abre espaço para o melhor. Você passa a ter dignidade e majestade. Essas qualidades incrementam sua capacidade de trabalhar, travar a guerra, fazer a paz, criar uma família e desfrutar do amor e de relacionamentos pessoais. Por saber que algo está à sua espera ali na curva, por aceitar que existem incontáveis potencialidades daqui para a frente, você passa a ser capaz de uma percepção abrangente e de presciência, como um general de talento: não paranoico, mas preparado.

Para Siddhartha, se não há impermanência, não há progresso nem mudança para melhor. Dumbo, o elefante voador, veio a entender isso. Quando jovem, era tratado como um pária por causa de suas enormes orelhas. Vivia solitário, deprimido, com medo de ser expulso do circo. Então, descobriu que sua "deformidade" era única e valiosa, porque lhe permitia voar. Ele passou a ser bem-aceito. Se tivesse sempre confiado na impermanência, não teria sofrido tanto quando era novo. O reconhecimento da impermanência é a chave que nos liberta do medo de ficarmos presos para sempre em uma situação, hábito ou padrão.

Os relacionamentos pessoais constituem o exemplo perfeito e mais volátil dos fenômenos compostos e da impermanência. Alguns casais acreditam poder administrar seu relacionamento "até que a morte nos separe", lendo livros e fazendo terapia de casal. Saber que os homens são de Marte e as mulheres de Vênus, porém, nos explica apenas umas poucas e óbvias causas e condições que provocam desarmonia. Em certa medida, esses pequenos entendimentos podem ajudar a criar uma paz temporária, mas não abarcam os diversos fatores ocultos que entram na composição de um relacionamento. Se pudéssemos ver o invisível, talvez desfrutássemos do relacionamento perfeito — ou, talvez, jamais nos dispuséssemos a entrar em um relacionamento.

Aplicar a compreensão que Siddhartha teve da impermanência aos relacionamentos nos leva a um prazer descrito nas pungentes palavras de Julieta a Romeu: "A despedida é dor tão doce...". Os momentos de despedida são, muitas vezes, os mais profundos de um relacionamento. Todo relacionamento, um dia, acaba, mesmo que seja por causa da morte. Ao pensar nisso, cresce nossa apreciação pelas causas e condições que proporcionam cada conexão. Isso é especialmente intenso se um dos parceiros tem uma doença terminal. Não há nenhuma ilusão de "para sempre", o que é surpreendentemente libertador. Nosso cuidado e carinho se tornam incondicionais, e nossa alegria fica firmemente plantada no presente. Oferecer amor e apoio demanda menos esforço e dá mais satisfação quando os dias de nosso parceiro estão contados.

Esquecemos, porém, que nossos dias estão *sempre* contados. Mesmo quando temos a compreensão intelectual de que tudo o que nasce tem de morrer e de que todas as coisas compostas vão se desintegrar mais cedo ou mais tarde, no nível emocional estamos constantemente voltando a operar baseados na crença da permanência, esquecendo-nos por completo da interdependência. Esse hábito pode dar margem a todo tipo de estados negativos, como paranoia, solidão, culpa. Podemos nos sentir usados, ameaçados, maltratados, ignorados — como se este mundo fosse injusto apenas conosco.

A beleza está nos olhos de quem a vê

Quando Siddhartha deixou Kapilavastu, não estava só. Naquelas horas que precediam o alvorecer, enquanto sua família e criados dormiam, ele se dirigiu ao estábulo, onde dormia Channa, o condutor de sua carruagem e mais fiel amigo. Channa ficou atônito ao ver o príncipe desacompanhado, mas, obedecendo as instruções do amo, selou Kathanka, o cavalo favorito de Siddhartha. Eles atravessaram os portões da cidade sem ser detectados. Quando estavam a uma distância segura, Siddhartha desmontou e pôs-se a tirar suas braçadeiras, tornozeleiras e trajes reais. Ele os deu a Channa, ordenando-lhe que retornasse à cidade, levando Kathanka consigo. Channa implorou para acompanhar Siddhartha, mas o príncipe estava resoluto. Channa devia retornar e continuar a servir a família real.

Siddhartha pediu que Channa transmitisse um recado à sua família. Ninguém deveria se preocupar com ele, porque estava embarcando numa jornada muito importante. Ele já havia dado a Channa todos os seus ornamentos exceto um, seu belo e longo cabelo, o último símbolo de seu esplendor, casta e realeza. Ele mesmo o cortou e, entregando-o a Channa, partiu sozinho. Siddhartha estava se lançando em sua exploração da impermanência. Já lhe parecia tolo colocar tanta energia na beleza e na vaidade. Ele não se opunha à beleza e aos cuidados pessoais, apenas à crença em sua permanência fundamental.

Diz-se com frequência que "a beleza está nos olhos de quem a vê". Essa afirmação é mais profunda do que possa, a princípio, parecer. O conceito de beleza é volúvel; as causas e condições das tendências que ditam a moda mudam continuamente, assim como muda continuamente a plateia dessas tendências. Até meados do século XX, as moças na China tinham os pés atados para que não crescessem mais do que oito ou dez centímetros. O resultado dessa tortura era considerado belo; os homens chegavam a encontrar prazer erótico no mau cheiro das ataduras que envolviam aqueles pés. Hoje em dia, as moças na China estão se submetendo a outras formas de sofrimento, alongando suas canelas para ficarem parecidas com as mulheres que aparecem na *Vogue*. Moças na Índia sujeitam-se a regimes de fome para reduzir suas figuras voluptuosas — tão cheias e atraentes nas pinturas de Ajanta — às linhas angulosas de uma modelo parisiense. As estrelas do cinema mudo no Ocidente eram celebradas por terem lábios menores do que seus olhos, mas hoje a moda pede bocas grandes e lábios de salsicha. Talvez a próxima celebridade carismática tenha lábios como os de um lagarto e olhos como os de um papagaio. Então, todas as mulheres com lábios estufados terão que pagar para fazer redução labial.

A impermanência é uma boa notícia

O Buda não era um pessimista nem uma ave de mau agouro; ele era realista, ao passo que nossa tendência é sermos escapistas. Quando afirmou que todas as coisas compostas são impermanentes, ele não teve a intenção de trazer uma má notícia; é um simples fato científico. Dependendo da perspectiva e da compreensão que se tenha desse fato, ele pode vir a ser uma via de acesso à inspiração, à esperança, à glória e ao sucesso. Por exemplo, na medida em que o aquecimento global e a pobreza são fruto de condições capitalistas insaciáveis, esses infortúnios podem ser revertidos, graças à natureza impermanente dos fenômenos compostos. Em vez de depender de poderes sobrenaturais, como a vontade de Deus, basta uma simples compreensão da natureza dos fenômenos compostos para reverter essas tendências negativas. Quando compreendemos os fenômenos, podemos manipulá-los e, assim, afetar suas causas e condições. É surpreendente o quanto um pequeno passo, como, por exemplo, apenas dizer não a sacos plásticos, pode fazer para adiar o aquecimento global.

O reconhecimento da instabilidade das causas e condições nos leva a compreender que temos o poder de transformar os obstáculos e tornar possível o impossível. Isso vale para todos os setores da vida. Se você não possui uma Ferrari, pode muito bem criar condições para vir a ter uma. Enquanto existirem Ferraris, há uma chance de você ser dono de uma delas. Do mesmo modo, se você quiser viver por mais tempo, pode optar por deixar de fumar e se exercitar mais. Existe esperança razoável. A falta de esperança — assim como seu oposto, a esperança cega — é resultado da crença na permanência.

Podemos mudar não só o mundo físico, mas também nosso mundo emocional, por exemplo, transformando a agitação em paz de espírito, ao abrir mão da ambição, ou transformando a baixa autoestima em confiança, ao agir com bondade e benemerência. Se nos condicionarmos a ver o ponto de vista do outro, conseguiremos cultivar a paz em nossos lares, com nossos vizinhos e com outros países.

Todos esses são exemplos de como podemos afetar os fenômenos compostos em um nível mundano. Siddhartha também constatou que mesmo os níveis mais temidos de inferno e danação são impermanentes, visto que também são compostos. O inferno não existe como um estado permanente, em algum lugar embaixo da terra, onde os seres são condenados à tortura eterna. Ele é mais parecido com um pesadelo. Um sonho em que você é pisoteado por um elefante acontece por uma série de condições — em primeiro lugar, o sono; e, talvez, porque você tenha um histórico negativo com elefantes. Não importa a duração do pesadelo; durante aquele período, você vive no inferno. Depois, devido a causas e condições de um despertador, ou simplesmente porque seu sono chegou ao fim, você acorda. O sonho é um inferno transitório, semelhante a nosso conceito do inferno "verdadeiro".

Igualmente, se alguém tem ódio de uma outra pessoa e se envolve em atos de agressão ou vingança, isso em si é uma experiência de inferno. Ódio, manipulação política e vingança criam o inferno nesta Terra, por exemplo, quando um menino — mais baixo, mais magro e mais leve do que o rifle AK-47 que carrega — não tem oportunidade, sequer por um dia, de brincar e comemorar seu aniversário, porque está muito ocupado em ser soldado. Isso nada mais é do que o inferno. Temos esses tipos de inferno devido a causas e condições e, portanto, podemos também sair desses infernos, fazendo uso do amor e da compaixão como antídotos para a raiva e para o ódio, como o Buda prescreveu.

O conceito de impermanência não prenuncia o Apocalipse ou Armagedon, tampouco é uma punição para nossos pecados. Não é intrinsecamente negativo nem positivo; simplesmente, faz parte do processo de composição das coisas. De modo geral, apreciamos apenas metade do ciclo da impermanência. Podemos aceitar o nascimento, mas não a morte; aceitar o ganho, mas não a perda; o final dos exames, mas não o início. A verdadeira liberação vem da apreciação do ciclo como um todo, sem querer agarrar aquelas coisas que consideramos agradáveis. Ao recordar a mutabilidade e a impermanência das causas e condições, quer positivas quer negativas, podemos usá-las a nosso favor. A riqueza, a saúde, a paz e a fama são tão inconstantes quanto seus opostos. Com certeza, Siddhartha não estava querendo favorecer o céu ou as experiências celestiais, pois também são impermanentes.

PODERÍAMOS NOS PERGUNTAR por que Siddhartha disse que "todas as coisas *compostas*" são impermanentes. Por que não dizer apenas que "todas as coisas" são impermanentes? Seria correto dizer que todas as coisas são impermanentes, sem o qualificativo *compostas*. Entretanto, devemos usar todas as oportunidades para nos lembrar da primeira parte, da composição, para que possamos sustentar a lógica que está por trás da afirmação. "Composição" é um conceito muito simples, mas tem tantas camadas que, para compreendê-lo num nível mais profundo, precisamos dessa lembrança constante.

Nada do que existe ou funciona no mundo — nenhuma criação da imaginação ou do plano físico, nada daquilo que passa por nossa mente, nem mesmo a própria mente — ficará como está para sempre. As coisas podem durar pelo tempo que durar nossa experiência desta existência, ou mesmo até a próxima geração; pode ser, também, que elas se dissolvam antes do esperado. De um jeito ou de outro, porém, a mudança é inevitável. Não há nenhum grau de probabilidade ou de acaso presente. Se perder a esperança, lembre-se disso e você não terá mais motivo para se sentir assim, porque seja lá o que estiver provocando seu desespero também vai mudar. Tudo terá de mudar. Não é inconcebível que a Austrália venha a ser parte da China, ou a Holanda parte da Turquia. Não é inconcebível que você venha a provocar a morte de um outro ser humano, ou que venha a ficar preso a uma cadeira de rodas. Pode ser que você se torne milionário ou o salvador de toda a humanidade; o ganhador do Prêmio Nobel da Paz ou um ser iluminado.

2
Emoção e sofrimento

AO LONGO DE MUITOS ANOS de contemplação e penitência, Siddhartha permaneceu firme em sua determinação de encontrar a causa fundamental do sofrimento e aliviar seu sofrimento e o dos outros. Ele se dirigiu a Magadha, na Índia central, para continuar suas práticas de meditação. No caminho, encontrou um vendedor de capim chamado Sotthiya, que lhe ofereceu um fardo de capim *kusha*. Siddhartha viu naquele gesto um sinal auspicioso, pois na cultura da Índia antiga, o capim *kusha* era considerado uma substância de purificação. Em vez de seguir viagem, decidiu ficar ali mesmo para meditar. Encontrou um lugar para sentar-se sob a fronde de uma *ficus religiosa* e cobriu as pedras do chão com o capim *kusha*. Silenciosamente, fez um juramento: *Este corpo pode apodrecer, eu posso virar pó, mas, até que encontre a resposta, não vou me levantar.*

Sentado em contemplação debaixo daquela árvore, Siddhartha não passou despercebido. Mara, o rei dos demônios, ouviu o juramento de Siddhartha e sentiu a força de sua decisão. Mara começou a perder o sono, pois sabia que Siddhartha tinha o potencial para lançar ao caos todo o seu domínio. Sendo um guerreiro astucioso, Mara enviou cinco de suas filhas mais formosas para distrair e seduzir o príncipe. Ao partir, as moças (chamadas *apsaras* ou ninfas) estavam plenamente convencidas de seu poder de sedução, mas, quando foram se aproximando de Siddhartha em meditação, a beleza das filhas de Mara começou a desaparecer. Elas se transformaram em velhas encarquilhadas, com verrugas no rosto e pele malcheirosa. Siddhartha não se moveu. As *apsaras* voltaram desconsoladas ao encontro do pai, que ficou furioso. Como alguém ousava recusar suas filhas! Irado, Mara convocou seu séquito, um enorme exército munido de todos os tipos de armas imagináveis.

O exército de Mara atacou com força total. Para seu espanto, porém, todas as flechas, lanças, pedras e catapultas lançadas contra Siddhartha se transformavam em uma chuva de flores assim que se acercavam do alvo. Depois de muitas e longas horas de batalha infrutífera, Mara e seu exército estavam esgotados e derrotados. Por fim, Mara foi até Siddhartha e, com toda a diplomacia, tentou convencê-lo a desistir de sua busca. Siddhartha disse que não podia desistir depois de haver tentado por tantas vidas. Mara perguntou: *"Como podemos ter certeza de que você vem lutando há tanto tempo?"* e Siddhartha respondeu: *"Não preciso de validação; a terra é minha testemunha*." Com isso, tocou o chão, a terra tremeu, e Mara se dissolveu no ar. Assim, Siddhartha encontrou libertação e se tornou um buda. Ele havia encontrado o caminho que corta o sofrimento pela raiz, não apenas para si mesmo, mas para todas as pessoas. O lugar de sua última batalha contra Mara chama-se hoje Bodh Gaya, e a árvore sob a qual ele se sentou chama-se "a árvore *bodhi*".

Essa é a história que as mães budistas contam para os filhos há muitas gerações.

A definição de felicidade pessoal

Não seria apropriado perguntar a um budista: "Qual é o sentido da vida?", porque a pergunta sugere que em algum lugar lá fora, talvez em uma caverna ou no topo de uma montanha, exista um sentido último. A pergunta sugere que poderíamos decodificar o segredo da vida estudando com pessoas santas, lendo livros ou aperfeiçoando práticas esotéricas. Se a questão toma por base a premissa de que, há muitas eras, alguém ou algum deus compôs o diagrama do sentido da vida, a pergunta é teísta. Os budistas não creem em um criador todo-poderoso e não têm o conceito de que o sentido da vida foi, ou precisa ser, decidido ou definido.

Uma pergunta mais apropriada para ser feita a um budista é simplesmente: "O que é a vida?" Partindo da compreensão da impermanência, a resposta deveria ser óbvia: "A vida é um enorme conjunto de fenômenos compostos e, assim sendo, a vida é impermanente." É um constante mudar, um ajuntamento de experiências transitórias. E embora as formas viventes existam em grande variedade, um traço comum a todos nós é o fato de que nenhum ser vivo deseja sofrer. Todos querem ser felizes — dos presidentes e milionários até as laboriosas formigas, abelhas, camarões e borboletas.

Por certo, a definição de "sofrimento" e "felicidade" difere muito entre os seres vivos, até mesmo dentro do reino humano, que é relativamente pequeno. O que alguns definem como "sofrimento" é a definição de "felicidade" para outros, e vice-versa. Para alguns seres humanos ser feliz significa apenas conseguir sobreviver; para outros, significa possuir setecentos pares de sapatos. Há aqueles que ficam felizes por ter a imagem de David Beckham tatuada em seu bíceps. Às vezes, o preço é a vida de um outro ser, por exemplo, quando a felicidade de uma pessoa depende de ela conseguir uma barbatana de tubarão, uma coxa de galinha ou o pênis de um tigre. Alguns consideram erótico o leve roçar de uma pena, ao passo que outros preferem a sensação de um ralador de queijo, chicotes e correntes. O rei Eduardo VIII preferiu se casar com uma americana divorciada a ostentar a coroa do poderoso Império Britânico.

Mesmo para uma mesma pessoa, a definição de "felicidade" e "sofrimento" oscila. Um momento de flerte descomprometido pode subitamente se modificar quando a pessoa passa a querer um relacionamento mais sério; a esperança se transforma em medo. Para a criança que brinca na praia, construir castelos de areia significa felicidade. Na adolescência, felicidade é olhar as garotas de biquíni e os surfistas com o peito descoberto. Na meia-idade, felicidade é ter dinheiro e sucesso profissional. E, quando se chega na casa dos oitenta, felicidade é colecionar saleiros de porcelana. Para muitos, atender a essas infinitas e sempre cambiantes definições constitui o "sentido da vida".

A maioria de nós aprende a definição de "felicidade" e "sofrimento" com a sociedade em que vive; a ordem social dita a medida de nosso contentamento. É uma questão de valores compartilhados. Dois seres humanos, em lados opostos do mundo, podem experimentar sentimentos idênticos — prazer, repulsa, medo — com base em indicadores culturais de felicidade que se contradizem. Pés de galinha são uma iguaria para os chineses, ao passo que os franceses adoram espalhar em suas torradas fígados de ganso prestes a explodirem. Imagine como seria o mundo se o capitalismo nunca tivesse existido e todas as nações e as pessoas vivessem de acordo com a filosofia comunista pragmática de Mao Tse-tung: seríamos perfeitamente felizes sem *shopping centers*, sem carros de luxo, sem Starbucks, sem concorrência, sem uma grande separação entre pobres e ricos, com assistência médica e hospitalar para todos — e as bicicletas teriam mais valor do que os veículos utilitários. Em vez disso, somos ensinados a o que querer. Uma década atrás, os gravadores de videocassete eram o símbolo definitivo de riqueza no remoto reino do Butão, nos Himalaias. Aos poucos, o clube dos donos de *Land Cruisers* da Toyota substituiu o clube dos donos de videocassetes como a ideia de prosperidade e felicidade absolutas no Butão.

O hábito de adotar os padrões do grupo como nossos forma-se em uma idade bastante tenra. No primeiro ano escolar você descobre que todas as outras crianças têm um certo tipo de estojo para guardar lápis e passa a sentir a "necessidade" de possuir um estojo igual, de ser como todos os outros. Você pede um para sua mãe, e o que vai ditar seu nível de felicidade é se ela vai ou não vai comprar o estojo. Isso continua também na idade adulta. Seus vizinhos têm um televisor de plasma ou um novo utilitário esportivo; então, você quer a mesma coisa — só que maior e mais moderna. Competição e desejo pelo que os outros possuem também acontecem em relação a outras culturas. Com frequência, damos mais valor aos costumes e tradições de uma outra cultura do que aos nossos. Recentemente, um professor em Taiwan decidiu deixar o cabelo crescer, como foi, durante séculos, o costume na China. Ele ficou parecendo um elegante guerreiro chinês da antiguidade, mas o diretor da escola ameaçou dispensá-lo caso não se ajustasse "ao comportamento adequado", ou seja, adotasse um corte de cabelo curto à moda ocidental do século XXI. Agora, com o cabelo tosado, parece que ele levou um choque elétrico.

É bastante surpreendente ver os chineses constrangidos por suas próprias raízes, mas encontramos muitos casos de complexo de superioridade/inferioridade na Ásia. De um lado, os asiáticos têm muito orgulho de sua cultura; de outro, acreditam que ela é um tanto ofensiva ou atrasada. Eles a substituíram pela cultura ocidental em quase todas as esferas da vida: na vestimenta, música, moral e mesmo em seus sistemas políticos, agora ocidentalizados.

Tanto pessoal quanto culturalmente, adotamos métodos estrangeiros ou externos para alcançar a felicidade e superar o sofrimento, poucas vezes nos dando conta de que frequentemente esses métodos trazem o oposto do resultado pretendido. Nossa dificuldade de adaptação cria um novo rol de aflições, porque não só continuamos a sofrer, como também nos sentimos alienados de nossa própria vida, incapazes de nos enquadrar no sistema.

Algumas dessas definições culturais de "felicidade" funcionam até certo ponto. De modo geral, ter um pouco de dinheiro no banco, um abrigo confortável, comida suficiente, calçados decentes e outros confortos básicos nos deixam felizes. Entretanto, os *sadhus* na Índia e os eremitas errantes no Tibete sentem-se felizes porque não precisam de chaveiro — não temem que seus bens sejam roubados porque nada possuem que tenha de ficar trancado à chave.

As definições institucionalizadas de "felicidade"

Muito antes de chegar àquele famoso lugar em Bodh Gaya, Siddhartha havia se sentado debaixo de uma outra árvore por seis anos. Ele tinha emagrecido ao extremo, ingerindo uns poucos grãos de arroz e umas poucas gotas de água por dia. Não tomava banho nem cortava as unhas e, desse modo, se tornou um exemplo para os demais companheiros que praticavam a busca espiritual. Siddhartha era tão disciplinado que os filhos dos vaqueiros faziam cócegas em suas orelhas com talos de capim e tocavam corneta na cara dele sem conseguir movê-lo. Um dia, porém, depois de anos e anos de enorme privação, ele compreendeu: *Isto não está certo. Este é um caminho extremo; é só mais uma armadilha, como as cortesãs, os jardins com seus pavões, e as colheres cravejadas de pedras preciosas.* Siddhartha resolveu sair daquele estado de penitência e foi se banhar num rio próximo, chamado Nairanjana (hoje conhecido como Phalgu). Para espanto absoluto de seus companheiros, ele aceitou um pouco de leite fresco oferecido por uma jovem pastora, chamada Sujata. Diz-se que os companheiros o abandonaram, imaginando que Siddhartha era uma influência moral negativa cuja companhia obstruiria a prática dos demais.

Podemos entender por que aqueles ascetas se afastaram quando Siddhartha quebrou os votos. Seres humanos sempre procuraram a felicidade, não só por meio de ganhos materiais, mas também por vias espirituais.

Muito da história do mundo gira em torno da religião. As religiões unem as pessoas com seus caminhos iluminados e códigos de conduta — o amor ao próximo, a prática da generosidade, a ética da reciprocidade, a meditação, o jejum e o oferecimento de sacrifícios. Todavia, esses princípios aparentemente úteis podem se transformar em dogmas extremados e puritanos, provocando sentimentos desnecessários de culpa e baixa autoestima. Não é incomum vermos fiéis que em sua arrogância e total intolerância menosprezam outras religiões, utilizando suas próprias crenças para justificar o genocídio cultural ou mesmo físico. Exemplos desse tipo de devoção destrutiva são numerosos e estão por toda parte.

Os seres humanos valem-se não apenas das religiões organizadas, mas também da sabedoria convencional — ou mesmo de *slogans* políticos —, para alcançar a felicidade e aliviar o sofrimento. Theodore Roosevelt disse: "Se eu precisar escolher entre a retidão e a paz, fico com a retidão." Mas a retidão de quem? Devemos seguir a interpretação de quem? O extremismo é simplesmente uma questão de escolher uma forma de retidão e excluir todas as demais.

Tomando um outro exemplo, é fácil ver o que há de atraente na sabedoria de Confúcio, como o respeito e a obediência aos mais velhos e o costume de não expor as faltas e desonras da família e da nação. Sua sabedoria é muito pragmática e pode ser útil para quem quer funcionar no mundo. Essas normas podem ser sábias, mas em muitos casos acarretaram consequências extremamente negativas, como a censura e a repressão de pontos de vista contrários. Por exemplo, a obsessão por "manter as aparências" e obedecer aos mais velhos resultou em séculos de enganos e mentiras — diante dos vizinhos e de nações inteiras.

Dado esse histórico, não é de surpreender a hipocrisia arraigada que existe em muitos países asiáticos, como China e Cingapura. Os líderes de muitos países condenam o feudalismo e a monarquia e se gabam de ter adotado a democracia ou o comunismo. No entanto, esses mesmos líderes, venerados por seus seguidores e cujos deslizes são mantidos em segredo, mantêm-se no poder até o último suspiro ou até que um herdeiro escolhido a dedo assuma o poder. Pouco mudou em relação ao antigo sistema feudal. A lei e a justiça destinam-se a preservar a paz e a criar harmonia social; em muitos casos, porém, o sistema judiciário penal funciona em favor dos desonestos e dos ricos, enquanto os pobres e os inocentes padecem sob leis injustas.

Nós, seres humanos, nos ocupamos com a busca da felicidade e a cessação do sofrimento mais do que com qualquer outra atividade, profissão ou lazer, empregando inúmeros métodos e objetos. É para isso que temos elevadores, *laptops*, pilhas recarregáveis, lava-louças, torradeiras reguláveis, cortadores à pilha para os pelos do nariz, privadas com assento aquecido, novocaína, telefones celulares, Viagra, carpetes cobrindo todo o chão...

Mas, inevitavelmente, tais confortos trazem uma dose correspondente de dores de cabeça. As nações buscam a felicidade e a cessação do sofrimento em grande escala, lutando por território, petróleo, espaço, mercados financeiros e poder. Travam guerras preventivas para afastar a expectativa de sofrimento. Cada um de nós faz a mesma coisa ao utilizar a medicina preventiva, tomar vitaminas e vacinas, fazer exames de sangue e tomografia computadorizada do corpo todo. Estamos procurando sinais de sofrimento iminente. E, uma vez encontrado o sofrimento, imediatamente tentamos encontrar a cura. Ano após ano, novas técnicas, remédios e livros de autoajuda procuram fornecer soluções duradouras para o sofrimento, de preferência atacando o problema pela raiz.

SIDDHARTHA TAMBÉM ESTAVA TENTANDO eliminar o sofrimento pela raiz, mas não estava idealizando soluções tais como iniciar uma revolução política, migrar para outro planeta ou criar uma nova ordem econômica mundial. Ele não estava sequer pensando em criar uma religião ou um código de conduta que propiciassem paz e harmonia. Siddhartha explorou o sofrimento com a mente aberta e, por meio de incansável contemplação, descobriu que, no fundo, são nossas emoções que provocam o sofrimento. Na realidade, elas *são* sofrimento. De um jeito ou de outro, direta ou indiretamente, todas as emoções nascem do egoísmo, no sentido de que implicam em apego ao eu. Além disso, ele descobriu que, por mais reais que pareçam, as emoções não constituem uma parte intrínseca de nosso ser. Elas não são inatas, nem tampouco alguma espécie de maldição ou implante imposto por alguém ou por algum deus. As emoções surgem quando determinadas causas e condições se reúnem, como, por exemplo, quando você se precipita em pensar que alguém está a criticá-lo, ignorá-lo ou privá-lo de algum ganho. Então, as emoções correspondentes vêm à tona. No momento em que aceitamos essas emoções, no momento em que entramos no jogo delas, perdemos a sanidade e deixamos de estar conscientes. Ficamos exaltados. Assim, Siddhartha encontrou a solução: a consciência desperta. Se você realmente deseja eliminar o sofrimento, precisa acordar a consciência, prestar atenção às suas emoções, aprendendo a não ser envolvido pela tensão elevada e agitação que elas criam.

Se você examinar as emoções como Siddhartha fez, se tentar identificar a origem delas, vai descobrir que as emoções partem de uma compreensão equivocada, sendo, por conseguinte, fundamentalmente falhas. Todas as emoções são, basicamente, uma forma de preconceito. Em cada emoção há sempre um componente de julgamento.

Por exemplo, uma tocha sendo girada a uma determinada velocidade aparenta ser um círculo de fogo. No circo, as crianças inocentes e até alguns adultos acham o espetáculo divertido e cativante. As crianças pequenas não diferenciam a mão, o fogo e a tocha. Acreditam que aquilo que veem é real; são arrebatadas pela ilusão de ótica criada pelo aro de fogo. Enquanto dura aquela visão, mesmo que seja por apenas um instante, elas ficam plena e profundamente convencidas. De modo similar, somos enganados pela aparência de nosso corpo. Quando olhamos para o corpo, não pensamos em termos de componentes isolados: moléculas, genes, veias e sangue. Pensamos no corpo como um todo e, sobretudo, prejulgamos que ele seja um organismo verdadeiramente existente chamado "corpo". Convencidos disso, primeiro desejamos ter um abdômen bem desenhado, mãos artísticas, estatura imponente, belas feições ou uma forma curvilínea. Depois, ficamos obcecados e investimos em mensalidades de academias, cremes hidratantes, na Dieta de South Beach, chás de emagrecimento, ioga, exercícios abdominais e óleos aromáticos.

Exatamente como crianças que ficam absortas, empolgadas ou mesmo amedrontadas pelo aro de fogo, sentimos emoções que são provocadas pela aparência e pelo bem-estar de nosso corpo. Quando se trata do aro de fogo, em geral os adultos sabem que aquilo é uma mera ilusão e não se perturbam. Um raciocínio elementar nos diz que o aro é criado a partir da reunião de seus componentes: o movimento circular de uma mão que segura uma tocha acesa. Um irmão mais velho e esperto pode assumir um ar arrogante ou condescendente com o mais novo. No entanto, por conseguirmos ver o aro como adultos amadurecidos, podemos compreender o fascínio da criança, especialmente se for noite e o espetáculo vier acompanhado de bailarinos, música hipnótica e outras atrações. Então, aquilo pode ser divertido até mesmo para nós, adultos, que conhecemos a qualidade essencialmente ilusória do espetáculo. Segundo Siddhartha, essa compreensão é a semente da compaixão.

A incontável variedade de emoções

À medida que sua meditação se aprofundou, Siddhartha passou a enxergar a qualidade essencialmente ilusória de todos os fenômenos. Com essa compreensão, pôde refletir sobre sua vida pregressa no palácio, sobre as festas, os jardins com seus pavões, os amigos e familiares. Viu que aquilo que chamamos família é como uma pousada ou hotel onde diferentes viajantes se hospedam e formam um elo temporário. Algum dia, esse conglomerado de seres se dispersa — na hora da morte, se não antes. Enquanto permanece junto, o grupo pode criar laços de confiança, responsabilidade, amor e compartilhar experiências de sucesso e fracasso, das quais brota todo tipo de drama. Siddhartha viu claramente como era fácil se deixar levar pela noção de uma vida familiar idílica, pela ideia de proximidade e por todos os fenômenos fascinantes da vida palaciana. Os outros não conseguiam ver o que ele via, ou ver, como um adulto veria, que o aro de fogo é apenas a reunião ilusória de partes desprovidas de essência. Entretanto, como um pai carinhoso, em vez de manifestar arrogância ou condescendência diante da fascinação das pessoas, Siddhartha compreendeu que naquele ciclo não havia mal nem bem, não havia culpa nem culpados; e isso o libertou para sentir apenas grande compaixão.

Enxergando além da superficialidade da vida palaciana, Siddhartha agora conseguia ver seu corpo físico como desprovido de essência. Para ele, o aro de fogo e o corpo têm a mesma natureza. Na medida em que alguém acredita que as coisas existem de verdade — seja por um momento, seja "para sempre" —, essa crença está baseada num engano. O engano nada mais é do que a falta de consciência. E a perda de consciência é o que os budistas chamam de ignorância. É dessa ignorância que brotam nossas emoções. Esse processo, que vai desde a perda de consciência até o surgimento das emoções, pode ser inteiramente explicado pelas quatro verdades, como veremos.

Existe uma variedade insondável de emoções nesta esfera mundana. A cada momento, incontáveis emoções são produzidas a partir de nossos erros de julgamento, preconceitos e ignorância. Estamos familiarizados com o amor e com o ódio, a culpa e a inocência, a devoção, o pessimismo, a inveja e o orgulho, a vergonha e a tristeza, mas existem muitas outras. Algumas culturas têm palavras para designar certas emoções que não têm definição em outras culturas e, portanto, não existem. Em algumas regiões da Ásia, não há uma palavra que designe o amor romântico, ao passo que os espanhóis têm várias palavras para identificar diferentes tipos de amor. Segundo os budistas, há inúmeras emoções que ainda não foram nomeadas em nenhuma língua, e uma quantidade ainda maior de emoções que não se enquadram nas possibilidades de definição de nosso mundo lógico. Algumas emoções são aparentemente racionais, mas a maioria delas é irracional. Algumas emoções aparentemente pacíficas têm suas raízes na agressividade. Outras, são quase imperceptíveis. Podemos imaginar que uma pessoa seja completamente impassível ou desinteressada, mas isso em si também é uma emoção.

As emoções podem ser infantis. Por exemplo, você pode ficar com raiva porque uma pessoa *não* está com raiva, quando você acha que ela deveria estar. Ou então, num dia você pode ficar contrariado porque sua companheira é possessiva demais e, no outro, porque ela não é suficientemente possessiva. Algumas emoções nos fazem rir, como no caso do príncipe Charles que, em um momento de flerte clandestino, disse à sua então amante, Camilla Parker Bowles, que não se importaria em reencarnar como o absorvente íntimo dela. Algumas emoções se manifestam sob a forma de arrogância, como no caso dos moradores da Casa Branca que impõem ao mundo sua ideia de liberdade. Obrigar os outros a aceitar pontos de vista pessoais por meio de força, chantagem, trapaça ou manipulação sutil, também faz parte de nossa atividade emocional. Não são poucos os cristãos e muçulmanos que buscam ardentemente converter os ateus e livrá-los do fogo dos infernos e da danação, ao mesmo tempo que os existencialistas se empenham em converter fiéis em ateus. As emoções podem se manifestar como um orgulho ridículo, como no caso dos indianos, que cultivam sentimentos patrióticos por uma Índia que foi moldada pelos opressores britânicos. Muitos patriotas americanos sentiram a emoção de serem donos da verdade quando o presidente Bush, da ponte de comando do porta-aviões *USS Abraham Lincoln*, declarou vitória sobre o Iraque, quando, na verdade, a guerra mal havia começado. O desejo desmedido por respeito é uma emoção: considere a Malásia, Taiwan e a China competindo para ver quem consegue construir o edifício mais alto do mundo, como se isso fosse uma prova de virilidade. As emoções podem ser doentias e pervertidas, levando à pedofilia e à bestialidade. Um homem chegou a pôr um anúncio na Internet à procura de jovens que quisessem ser mortos e comidos. Ele recebeu inúmeras respostas e, de fato, assassinou e devorou um deles.

Descendo à raiz: o (inexistente) eu

Todas essas várias emoções e suas consequências provêm de uma compreensão equivocada, e essa compreensão equivocada provém de uma fonte, que é a raiz de toda a ignorância: o apego ao eu.

Presumimos que cada um de nós é um "eu", que existe uma entidade chamada "eu". O eu, porém, é apenas mais uma compreensão equivocada. De modo geral, fabricamos a noção de um eu que parece ser uma entidade sólida. Somos condicionados a considerar essa noção como algo concreto e real. Pensamos, *Eu sou esta forma*, levantando a mão. Pensamos, *Eu tenho forma; este é meu corpo*. Pensamos, *A forma sou eu; eu sou alto*. Pensamos, *Eu habito esta forma*, apontando para o peito. Fazemos o mesmo com os sentimentos, percepções e ações. *Eu tenho sentimentos; eu sou minhas percepções...* Siddhartha, porém, deu-se conta de que não existe, em lugar nenhum, uma entidade independente que corresponda ao conceito de eu, dentro do corpo ou fora dele. Como a ilusão de ótica do aro de fogo, o eu é ilusório. Ele é uma falácia — fundamentalmente um erro e, em última análise, inexistente. No entanto, do mesmo modo que podemos nos iludir com o aro de fogo, todos nos iludimos ao imaginar que somos o eu. Quando olhamos para nosso corpo, sentimentos, percepções, ações e consciência, vemos que são diferentes componentes do que pensamos ser nosso "eu", mas, se formos examinar esses componentes, verificaremos que o "eu" não reside em nenhum deles. O apego à falácia do eu é um ato de ridícula ignorância; ele perpetua a ignorância e leva a todo tipo de dor e decepção. Tudo o que fazemos na vida depende de como percebemos nossa "pessoa", nosso eu; assim, se essa percepção estiver baseada em uma compreensão errada, como inevitavelmente está, esse erro permeará tudo o que fizermos, virmos e vivenciarmos. Não é a simples questão de uma criança que interpreta erroneamente a luz e o movimento; toda a nossa existência está assentada em premissas muito frágeis.

No momento em que Siddhartha descobriu que o eu não existia, descobriu que tampouco existia um mal dotado de existência intrínseca — o que havia era apenas a ignorância. Especificamente, ele contemplou a ignorância que cria o rótulo "eu" e o cola em um grupo de fenômenos compostos, desprovidos de qualquer base, atribuindo importância a esse eu e afligindo-se em protegê-lo. Essa ignorância, ele constatou, conduz diretamente ao sofrimento e à dor.

Ignorância é simplesmente o desconhecimento dos fatos, a apreensão incorreta dos fatos ou o conhecimento incompleto dos fatos. Todas essas formas de ignorância levam a uma compreensão ou interpretação erradas, a uma super ou subestimativa. Imagine que você esteja procurando um amigo e o veja, ao longe, no campo. Ao se aproximar, você descobre que tomou um espantalho por seu amigo. Decerto, você ficará decepcionado. Não é que um espantalho malicioso ou seu amigo tenham tentado sorrateiramente enganá-lo; foi sua própria ignorância que o traiu. Todas as nossas ações provenientes dessa ignorância têm um caráter especulativo. Quando agimos sem entendimento ou com um entendimento incompleto, não há base para confiança. Nossa insegurança fundamental aparece e cria todas essas emoções, com e sem nome, reconhecidas ou não.

O único motivo que temos para nos sentir confiantes de que vamos chegar ao alto da escada ou de que nosso avião vai decolar e pousar no destino com segurança é o fato de estarmos imersos no prazer da ignorância. Esse prazer, porém, não dura muito, pois ele nada mais é do que uma constante superestimativa de que as probabilidades estejam a nosso favor, e uma subestimativa dos obstáculos. É claro, as causas e condições às vezes se aglutinam e as coisas de fato acontecem como havíamos previsto; tomamos, porém, esse tipo de sucesso como algo líquido e certo, usando-o como prova de que não poderia ser diferente, de que nossas suposições são procedentes. Essas suposições, entretanto, são apenas combustível para mal-entendidos. A cada vez que fazemos uma suposição — por exemplo, de que compreendemos nossos maridos ou mulheres — estamos nos expondo como uma ferida aberta. As suposições e expectativas que se apoiam em uma outra pessoa ou coisa nos deixam vulneráveis. A qualquer momento, uma das incontáveis contradições possíveis pode vir à tona e jogar sal sobre essas suposições, e então nos contraímos com um grito de dor.

Hábito: o aliado do eu

Provavelmente, a maior descoberta da história humana foi a compreensão de Siddhartha de que o eu não existe de modo independente, de que ele é um mero rótulo e, portanto, o apego a ele constitui ignorância. Todavia, ainda que o rótulo *eu* não tenha solidez, destruí-lo está longe de ser uma tarefa banal. Esse rótulo chamado *"eu"* é o conceito mais resistente entre todos os conceitos que devem ser quebrados.

A descoberta de Siddhartha sobre a falácia do eu é simbolizada pela história da destruição de Mara. Tradicionalmente conhecido como o senhor maligno do reino dos desejos, Mara nada mais é do que o apego ao eu que Siddhartha identificou. É justo que Mara seja retratado como um belo e poderoso guerreiro, nunca antes derrotado. Como Mara, o eu é poderoso e insaciável, egocêntrico e enganoso, ávido por atenção, esperto e presunçoso. É difícil lembrar que, assim como o aro de fogo é uma ilusão, o eu é composto, não existe independentemente e é suscetível a mudanças.

O hábito nos enfraquece diante do eu. Mesmo os hábitos mais simples custam a morrer. Talvez você tenha consciência do quanto fumar faz mal à saúde, mas isso não o convence necessariamente a parar de fumar, especialmente se você sente prazer com o ritual, a forma delgada do cigarro, o jeito como o tabaco queima, a fumaça aromática que se encaracola entre seus dedos. O hábito do eu, entretanto, não é apenas um simples vício como fumar cigarros. Desde tempos imemoriais somos viciados no eu. É essa a maneira como nos identificamos. É isso que nos é mais caro. É isso também que odiamos com maior veemência, às vezes. Sua existência é também a coisa que mais trabalhamos para tentar validar. Quase tudo o que fazemos, pensamos ou temos, inclusive nosso caminho espiritual, é um meio para confirmar a existência do eu. É ele que teme o fracasso e anseia pelo sucesso, teme o inferno e anseia pelo céu. O eu abomina o sofrimento e adora as causas do sofrimento. Ele tolamente faz a guerra em nome da paz. Ele deseja a iluminação, mas detesta o caminho da iluminação. Ele deseja trabalhar como um socialista mas viver como um capitalista. Quando o eu se sente solitário, quer a companhia dos amigos. Seu desejo de possuir as pessoas que ama se manifesta como paixão, capaz de levar à violência. Seus supostos inimigos — como os caminhos espirituais criados para conquistar o eu — são muitas vezes corrompidos e recrutados como aliados do eu. Sua habilidade em jogar o jogo dos enganos e ilusões é quase perfeita. Ele tece um casulo em torno de si mesmo como um bicho-da-seda, mas, ao contrário do bicho-da-seda, ele não sabe encontrar a saída.

A luta contra o eu

Na batalha em Bodh Gaya, Mara empregou uma grande variedade de armas contra Siddhartha. Sobretudo, ele dispunha de um arsenal de flechas especiais. Cada flecha tinha um poder nefasto: a flecha que causa o desejo, a flecha que causa o embotamento mental, a flecha que causa o orgulho, a flecha que causa o conflito, a flecha que causa a arrogância, a flecha que causa a obsessão cega e a flecha que espanta a consciência, para citar apenas algumas. Nos sutras budistas, lemos que Mara ainda não foi derrotado dentro de cada um de nós — o tempo todo somos alvo de suas flechas envenenadas. Quando as flechas de Mara nos atingem, de início ficamos amortecidos, mas, depois, o veneno se espalha por todo o nosso ser, destruindo-nos lentamente. Quando perdemos nossa consciência e nos agarramos ao eu é o veneno paralisante de Mara que começa a agir. As emoções negativas aparecem em seguida, lenta e seguramente, impregnando nosso ser.

Quando a flecha do desejo nos atinge, todo bom senso, sobriedade e sanidade se esvaem, enquanto a falsa dignidade, a decadência e a imoralidade se instalam. Envenenados, passamos por cima de tudo para conseguir o que desejamos. Um homem atingido pela paixão pode achar *sexy* um hipopótamo que se oferece nas ruas, mesmo que uma moça bela e fiel esteja esperando por ele em casa. Como mariposas atraídas pela luz ou como peixes atraídos pela isca que esconde o anzol, muitos nesta Terra se deixam seduzir pelo desejo de comida, fama, elogio, dinheiro, beleza e respeito.

A paixão também pode se manifestar como sede de poder. Tomados por esse tipo de paixão, líderes políticos são completamente indiferentes a como sua sede de poder está destruindo o planeta. Não fosse a ganância por riqueza de certas pessoas, as rodovias estariam cheias de carros movidos a energia solar e ninguém estaria passando fome. Esses progressos são técnica e fisicamente possíveis, mas, ao que parece, não são emocionalmente possíveis. Enquanto isso, ficamos resmungando sobre injustiças e pondo a culpa em gente como George W. Bush. Atingidos pelas flechas da ganância, não vemos que é nosso próprio desejo — por eletrônicos importados baratos e pelo luxo de veículos multifuncionais — que, na verdade, sustenta as guerras que devastam o mundo. Todos os dias, na hora do *rush* em Los Angeles, a pista reservada a veículos com dois ou mais passageiros fica vazia, enquanto milhares de carros abarrotam o restante das vias expressas, cada qual com apenas um ocupante. Mesmo aqueles que participam de marchas para protestar contra o sangue derramado por conta do petróleo dependem do petróleo para ter as frutas importadas que usam em seus sucos.

    As flechas de Mara criam conflito sem fim. Ao longo da história, as figuras religiosas, pessoas que supostamente estariam acima do desejo, nossos modelos de integridade e propriedade, têm se revelado igualmente sedentas de poder. Essas pessoas manipulam seus seguidores com ameaças do inferno e promessas do céu. Hoje em dia, vemos políticos que manipulam campanhas e eleições a ponto de não terem pruridos em bombardear um país inocente com mísseis Tomahawk, se isso fizer a opinião pública se inclinar a favor deles. Quem se importa em ganhar a guerra, se você pode ganhar a eleição? Outros políticos ostentam falsa religiosidade, tramam atentados contra eles mesmos, fabricam heróis e encenam catástrofes, tudo para satisfazer sua ânsia de poder.

Quando está inchado de orgulho, o eu manifesta-se de inúmeras formas — estreiteza mental, racismo, fragilidade, medo de rejeição, medo de ser ferido e insensibilidade, para citar apenas algumas. O orgulho masculino levou os homens a sufocar a energia e a contribuição de mais da metade da raça humana: as mulheres. Durante o namoro, os dois lados deixam o orgulho se imiscuir; cada namorado passa todo o tempo avaliando se o outro é suficientemente bom para si, ou se é suficientemente bom para o outro. Famílias cheias de orgulho gastam fortunas na cerimônia de um casamento que pode durar ou não, enquanto, no mesmo dia, na mesma aldeia, pessoas morrem de fome. Um turista se exibe ao dar uma gorjeta de dez dólares a um porteiro que empurra uma porta giratória para ele passar, e, no minuto seguinte, barganha o preço de uma camiseta de cinco dólares com uma vendedora que está lutando para sustentar seu bebê e sua família.

Orgulho e piedade estão intimamente ligados. A crença de que nossa vida é mais difícil e mais triste do que a vida das outras pessoas é uma mera manifestação de apego ao eu. Quando o eu gera autopiedade, elimina qualquer espaço para que os outros sintam compaixão. Neste mundo imperfeito, inúmeras pessoas sofreram e ainda sofrem. O sofrimento de algumas pessoas, porém, vai para a categoria de sofrimento "especial". Embora não existam estatísticas confiáveis, parece seguro dizer que os povos indígenas dizimados pelos europeus que colonizaram a América do Norte equiparam-se, em termos numéricos, às vítimas de outros genocídios reconhecidos. Entretanto, não há um termo largamente empregado — como *antissemitismo* ou *holocausto* — para designar esse massacre inconcebível.

Os assassinatos coletivos promovidos por Stalin e Mao Tse-tung tampouco contam com rótulos que os identifiquem, muito menos com memoriais de formas arrojadas, ações indenizatórias e um sem-número de documentários e longa-metragens. Os muçulmanos apregoam que são perseguidos, esquecendo a destruição provocada por seus predecessores moghul, que conquistaram grandes regiões da Ásia como missionários. A evidência de sua devastação ainda está aí para ser vista: os escombros de monumentos e templos criados outrora, por amor a um deus diferente.

Há também o orgulho de pertencer a uma certa escola ou religião. Os cristãos, judeus e muçulmanos acreditam, todos, no mesmo Deus; em certo sentido, são irmãos. Ainda assim, devido ao orgulho, e porque cada uma delas se considera "a certa", essas religiões causaram mais mortes do que as duas Guerras Mundiais juntas.

O racismo goteja da flecha envenenada do orgulho. Muitos africanos e asiáticos acusam os ocidentais brancos de racistas, mas o racismo também é uma instituição na Ásia. Pelo menos, no Ocidente há leis contra o racismo, e ele é publicamente condenado. Uma moça em Cingapura não pode levar para casa o marido belga para conhecer sua família. As pessoas de ascendência chinesa e indiana na Malásia não podem ter o *status* de Bhumiputra, mesmo depois de muitas gerações. Muitos coreanos de segunda geração no Japão não conseguem se naturalizar. Embora muitas famílias brancas adotem crianças de outra raça, é pouco provável que uma família abastada na Ásia adotasse uma criança branca. Para muitos asiáticos, esse tipo de mistura cultural e racial é algo abominável. Cabe perguntar como os asiáticos se sentiriam se as posições se invertessem: se populações brancas tivessem que migrar aos milhões para a China, Coréia, Japão, Malásia, Arábia Saudita e Índia. O que aconteceria se os brancos estabelecessem suas próprias comunidades, tomassem empregos da população local, importassem noivas, falassem sua própria língua por gerações, recusando-se a falar a língua do país anfitrião — e, além do mais, apoiassem o extremismo religioso em seu país de origem?

A inveja é uma outra das flechas de Mara. Ela é uma dessas emoções que podem ser descritas como um barco furado. Manifesta-se irracionalmente e produz histórias fantásticas para distrair a mente. Pode surgir de repente, nos momentos mais inesperados, talvez mesmo quando você esteja apreciando um bom concerto. Ainda que você não tenha nenhuma intenção de se tornar violoncelista, ainda que você não tenha nunca chegado perto de um violoncelo, pode sentir inveja de um inocente violoncelista, o qual você nem sequer conhece. O simples fato de ele ser uma pessoa de talento basta para envenenar sua mente. Boa parte do mundo sente inveja dos Estados Unidos. Muitos dos fanáticos religiosos e políticos que ridicularizam e criticam aquele país, chamando os americanos de "satanistas" e "imperialistas", adorariam ter um *green card*, se é que já não têm. Por pura inveja, a sociedade — geralmente conduzida pelos meios de comunicação — quase sempre tenta derrubar qualquer pessoa ou coisa que faça sucesso, seja financeiro, esportivo ou intelectual. Alguns jornalistas se dizem defensores dos fracos e oprimidos, mas muitas vezes têm medo de mencionar que os "oprimidos", na verdade, são fanáticos. Esses jornalistas se recusam a expor qualquer conduta condenável, e os poucos que chegam a se pronunciar correm o risco de serem tachados de extremistas.

Motivado pelo desejo egoísta de angariar mais discípulos, Mara espertamente prega a liberdade; entretanto, nem sempre Mara se agrada quando alguém de fato exerce a liberdade. Basicamente, gostamos da liberdade para nós mesmos, mas não para os outros. Se um de nós ou outra pessoa realmente exercesse todas as nossas liberdades, não seria de estranhar que deixássemos de ser convidados para muitas festas. Essa tal "liberdade" ou "democracia" é apenas mais um instrumento de controle usado por Mara.

E o amor?

Alguém pode pensar que nem todas as emoções são sofrimento — o que dizer do amor, da alegria, criatividade, inspiração, devoção, êxtase, paz, união, realização e do alívio? Acreditamos que a emoção seja necessária para a poesia, canção e arte. A definição que temos de "sofrimento" não é fixa; além do mais, é limitada. A definição de "sofrimento" criada por Siddhartha é muito mais ampla e, ao mesmo tempo, muito mais específica e clara.

Alguns tipos de sofrimento, como a raiva, a inveja e a dor de cabeça, têm uma qualidade negativa óbvia, ao passo que o elemento de dor em outros tipos de sofrimento é mais sutil. Para Siddhartha, tudo aquilo que apresenta uma qualidade de incerteza e imprevisibilidade é sofrimento. Por exemplo, o amor pode ser agradável e nos preencher, mas não surge do nada. Depende de alguém ou de alguma coisa e, portanto, é imprevisível. No mínimo, a pessoa fica dependente do objeto de seu amor e, de certo modo, sempre presa por uma coleira. Além disso, as condições ocultas que se somam são incontáveis. Por isso, também é fútil culpar nossos pais por uma infância infeliz ou nos culparmos pela falta de harmonia entre eles, pois não temos conhecimento das muitas condições ocultas que determinaram essas situações.

Os tibetanos usam as palavras *rangwang* e *shenwang* para designar "felicidade" e "infelicidade". É difícil traduzi-las com precisão; *rang* significa "auto" e *wang* significa "poder", "direitos" ou "capacidade", ao passo que *shen* significa "outro". Falando de modo geral, enquanto estamos no controle, estamos felizes; enquanto outra pessoa estiver segurando a coleira, estaremos infelizes. Portanto, segundo essa definição, a "felicidade" ocorre quando há controle pleno, liberdade, direito, opção — sem obstáculos, sem coleira. Isso quer dizer liberdade para escolher e liberdade para não escolher; liberdade para agir ou para deixar o barco correr.

Certas coisas podem ser feitas para ajeitar as condições a nosso favor, como tomar vitaminas para nos fortalecer ou tomar café para acordar. Mas não podemos parar o mundo para que não aconteça um novo *tsunami*. Não podemos impedir um pombo de atingir o para-brisa de nosso carro. Não conseguimos controlar os outros motoristas na estrada. Uma grande parte da vida gira em torno da tentativa de agradar os outros, basicamente para que possamos nos sentir confortáveis. Não é agradável viver com alguém que esteja sempre de cara amarrada. Mas também não é possível manter a outra pessoa sempre de bom astral. Podemos tentar e, às vezes, ter sucesso, mas esse tipo de manipulação requer um esforço enorme. Não basta dizer "Eu te amo" uma única vez no início do relacionamento. Você tem de fazer a coisa certa — mandar flores, dar atenção — até o fim. Se falhar, ainda que uma só vez, tudo o que você construiu pode desabar. E, às vezes, mesmo quando você oferece toda a sua atenção, o objeto de sua atenção pode interpretar mal, pode não saber como aceitar ou não ser nada receptivo. Um rapaz pode antever um jantar à luz de velas com a moça de seus sonhos, imaginando como a noite vai transcorrer, como ele vai cortejar e encantar a moça. Mas isso é só a imaginação dele, uma conjectura, que não deixa de ser o que é por ser bem ou mal fundamentada. Basicamente, não conseguimos nos preparar 100% todo o tempo. Sendo assim, nossos obstáculos e oponentes só precisam ser bem-sucedidos 1% do tempo para fazer seu estrago: uma palavra que escapa na hora errada, gases expelidos involuntariamente, um olhar que se desvia casualmente da máquina de raio X na vistoria de segurança do aeroporto.

Poderíamos pensar que não estamos sofrendo de fato; e, mesmo se estivermos, que não é tão terrível assim. Afinal de contas, não estamos morando na sarjeta nem sendo massacrados em Ruanda. Muitas pessoas pensam, *Estou bem, estou respirando, tenho o que comer, tudo está correndo tão bem quanto eu poderia esperar, não estou sofrendo*. Mas, o que querem dizer com isso? Estão falando 100% a sério? Essas pessoas deixaram de esperar que as coisas melhorem? Abandonaram todas as suas inseguranças? Se essa atitude vem de um contentamento e de uma apreciação verdadeiros por aquilo que já temos, é justamente esse tipo de apreciação que Siddhartha recomendou. No entanto, é raro presenciarmos esse tipo de contentamento; há sempre um sentimento a nos corroer, a nos dizer que a vida tem mais para dar, e essa insatisfação leva ao sofrimento.

A solução encontrada por Siddhartha foi ganhar consciência das emoções. Se você consegue ter consciência das emoções à medida que surgem, mesmo que só um pouco, você restringe a atividade delas; elas passam a ser como adolescentes acompanhados por um monitor. Alguém está observando, e o poder de Mara se enfraquece. Siddhartha não foi ferido pelas flechas envenenadas porque estava consciente de que elas eram meras ilusões. Do mesmo modo, nossas emoções, com toda a sua força, podem se tornar tão inofensivas quanto pétalas de flores. Quando as *apsaras* se aproximaram de Siddhartha, ele conseguiu ver claramente que elas nada mais eram do que fenômenos compostos, como o aro de fogo, e, assim, elas perderam seu apelo. Elas não conseguiram movê-lo. Do mesmo modo, quebramos o encanto da tentação ao enxergar que os objetos de nossos desejos são, na realidade, apenas fenômenos compostos.

Quando começamos a perceber os danos que as emoções podem causar, nossa consciência se amplia. Quando estamos conscientes — por exemplo, se sabemos que estamos na beira de um despenhadeiro — compreendemos o perigo que está a nossa frente. Podemos seguir em frente como estávamos fazendo, pois caminhar conscientemente ao longo de um despenhadeiro não é mais tão assustador; na verdade, é emocionante. A verdadeira fonte do medo é não saber. A consciência não nos impede de viver; ela torna o viver mais pleno. Se você estiver saboreando uma xícara de chá com a compreensão do lado doce e do lado amargo das coisas temporárias, vai de fato apreciar seu chá.

3
Tudo é vacuidade

LOGO APÓS A ILUMINAÇÃO DE SIDDHARTHA, suas palavras, que denominamos *Dharma*, começaram a permear todos os setores da vida na Índia. O *Dharma* transcendia o sistema de castas e atraía tanto pobres quanto ricos. Um dos maiores imperadores do século III AEC foi o rei Ashoka, um tirano e guerreiro implacável, que não teve escrúpulo em mandar matar parentes próximos para consolidar seu poder. Mas mesmo o rei Ashoka descobriu a verdade do Dharma e se tornou pacifista. Hoje ele é reconhecido como um dos mais influentes patronos da história do budismo.

Graças a patronos como Ashoka, o Dharma continuou a florescer, viajando em todas as direções, pulsando muito além das fronteiras da Índia. No primeiro milênio da era cristã, a cerca de mil quilômetros de Bodh Gaya, numa aldeia tibetana chamada Kya Ngatsa, nasceu outro humano comum dotado de potencial extraordinário. Após uma infância terrível e um período dedicado a aprender magia negra, esse jovem atormentado assassinou dezenas de parentes e vizinhos num ato de vingança. Ele fugiu de casa e por fim encontrou um camponês chamado Marpa, um grande mestre do Dharma e tradutor, que lhe ensinou sobre a natureza da existência e sobre as normas de conduta, assim como Siddhartha fizera no passado. O jovem se transformou. Ele veio a ser conhecido como Milarepa, um dos mais renomados iogues santos do Tibete. Até hoje, suas canções e histórias são fonte de inspiração para milhares de pessoas. Seu legado de sabedoria foi transmitido ao longo dos séculos, em uma linhagem ininterrupta de mestres e discípulos.

Milarepa ensinava a seus próprios alunos que as palavras de Siddhartha não são como outras filosofias que lemos por deleite ou estímulo mental para depois guardar numa estante. O Dharma é algo que podemos efetivamente praticar e aplicar em nosso dia a dia. Na primeira geração de alunos de Milarepa, havia um intelectual brilhante chamado Rechungpa. Apesar de Milarepa tê-lo advertido de que a integração da prática era mais importante do que o mero estudo dos textos, Rechungpa partiu para a Índia, determinado a obter uma formação clássica em uma das grandes instituições de filosofia budista existentes naquele tempo. De fato, Rechungpa estudou com afinco junto a diversos acadêmicos e santos indianos de renome. Quando retornou ao Tibete depois de vários anos, seu antigo mestre, Milarepa, foi recepcioná-lo em uma planície inóspita.

Depois de terem trocado saudações e conversado sobre os estudos de Rechungpa por algum tempo, uma violenta tempestade de granizo caiu subitamente. Não havia onde se esconder na vastidão da planície. Milarepa avistou um chifre de iaque no chão e rapidamente refugiou-se dentro dele — sem que o chifre ficasse maior, nem Milarepa menor. Protegido em seu abrigo, Milarepa cantou uma canção em que dizia a Rechungpa que ainda haveria espaço de sobra para ele no chifre... se o aluno tivesse compreendido a natureza da vacuidade.

Talvez você pense que a história de Milarepa e o chifre de iaque seja um mero conto de fadas. Ou, se você for do tipo crédulo, talvez acredite que foi um caso de magia praticada pelo iogue tibetano. Não se trata, porém, nem de uma coisa nem de outra, como veremos.

A tentativa de agarrar a vacuidade

Ao conquistar Mara e seu exército, Siddhartha compreendeu que todas as coisas são vazias de existência intrínseca. Ele entendeu que tudo o que vemos, ouvimos, sentimos, imaginamos ou sabemos que existe é simplesmente vacuidade, à qual imputamos uma certa "veracidade", ou na qual colocamos um rótulo de "veracidade". Essa atitude de rotular ou perceber o mundo como verdadeiro nasce de um hábito individual e coletivo muito forte — todos nós fazemos isso. A força do hábito é tão potente e nosso conceito de vacuidade é tão desagradável que poucos têm vontade de sair em busca de uma compreensão semelhante à de Siddhartha. Em vez disso, vagamos como um viajante desorientado que avista à distância um oásis verdejante no deserto. Na verdade, o oásis nada mais é do que o reflexo do calor sobre a areia; no entanto, devido a seu desespero, sede e esperança, o viajante identifica aquela visão como sendo água. Gastando suas últimas forças para chegar ao oásis, ele descobre, com enorme decepção, que se trata apenas de uma miragem.

Mesmo considerando que não estamos tão desesperados e acreditando que somos bem-educados, sensatos e equilibrados, quando sentimos e vemos todas as coisas como verdadeiramente existentes estamos nos comportando como o homem no deserto. Corremos atrás de companheirismo, segurança, reconhecimento e sucesso genuínos — ou simplesmente de paz e sossego. Podemos até conseguir agarrar um arremedo de nossos desejos, mas, como o viajante, quando dependemos de confirmação externa, acabamos por nos desapontar. As coisas não são o que parecem ser: elas são impermanentes e não estão inteiramente sob nosso controle.

Se realmente analisarmos, como fez Siddhartha, vamos constatar que rótulos como "forma", "tempo", "espaço", "direção" e "tamanho" se desfazem com facilidade. Siddhartha deu-se conta de que mesmo o eu tem uma existência apenas relativa, exatamente como a miragem.

Essa compreensão pôs fim, para ele, a um ciclo de expectativas, decepções e sofrimentos. No momento em que se libertou, ele pensou, *Encontrei um caminho profundo, sereno, claro, livre de extremos — como um néctar, uma substância mágica que realiza os desejos. No entanto, se eu tentar expressá-lo, se tentar ensiná-lo, ninguém conseguirá ouvir, escutar ou entender. Portanto, vou permanecer na floresta, neste estado de paz.* Diz-se que, ao ouvir a intenção de Siddhartha, o Senhor Indra e o Senhor Brahma apareceram e lhe pediram que não se isolasse nas florestas, mas que ensinasse para benefício dos seres. "Ainda que nem todos compreendam todos os seus ensinamentos", disseram, "talvez alguns consigam entender, e ajudar esses poucos já terá valido a pena."

Acatando esse desejo, Siddhartha seguiu para Varanasi, que naquele tempo já era uma grande cidade, onde intelectuais e pensadores se reuniam às margens do rio Ganges. Quando Siddhartha chegou a Sarnath, próximo a Varanasi, encontrou os antigos companheiros, os mesmos que o haviam abandonado no passado, quando ele quebrou os votos e bebeu o leite oferecido por Sujata. Quando viram Siddhartha se aproximando, rapidamente combinaram ignorá-lo. Eles não iriam cumprimentá-lo, muito menos se poriam em pé ou se prostrariam diante dele. "Aí vem aquele impostor", zombaram. No entanto, para um ser como Siddhartha, que compreendeu a vacuidade, noções como elogio e crítica, veneração e desprezo, bem e mal são absolutamente irrelevantes.

São todas uma questão de frágil interpretação e, assim, não há motivo para reagir como se fossem sólidas. Por isso, Siddhartha se aproximou sem um pingo de vaidade, hesitação ou orgulho. Devido à ausência de constrangimentos, seu andar era tão majestoso que os cinco meditadores não tiveram escolha senão levantar. Siddhartha ministrou seu primeiro sermão ali mesmo, tendo os antigos companheiros como seus primeiros discípulos.

Nossa lógica limitada

Siddhartha tinha razão quando imaginou que não seria fácil ensinar. Em um mundo movido por ganância, orgulho e materialismo, ensinar mesmo princípios básicos como amor, compaixão e filantropia é muito difícil, quanto mais a verdade última da vacuidade. Vivemos presos a pensamentos de curto prazo e confinados a noções de praticidade. Para nós, as coisas precisam ser tangíveis e imediatamente úteis para justificar o investimento de tempo e energia. De acordo com esses critérios, a vacuidade, tal como definida pelo Buda, parece ser completamente inútil. Poderíamos pensar, *Qual é o benefício de contemplar a impermanência e a vacuidade do mundo dos fenômenos? O que se tem a ganhar com a vacuidade?*

A partir de um raciocínio limitado, carregamos uma definição pronta das coisas que fazem sentido e das coisas que têm significado — e a vacuidade vai além desses limites. É como se a ideia de "vacuidade" não coubesse em nossa cabeça. Isso porque a mente humana opera dentro de um sistema lógico inadequado, ainda que existam incontáveis outros sistemas lógicos a nosso dispor. Operamos como se este momento tivesse sido precedido por milhares de anos de história e não compreenderíamos se alguém nos dissesse que a totalidade da evolução humana transcorreu no espaço de tempo que um gole de café leva para descer por nossa garganta. Do mesmo modo, quando lemos nos ensinamentos budistas que um dia no inferno equivale a quinhentos anos, imaginamos que esses números encontrados nos textos religiosos servem apenas para meter medo e nos deixar submissos. Imagine, porém, uma semana de férias ao lado da pessoa que você mais ama — passa num estalar de dedos. Por outro lado, uma noite na cadeia ao lado de um estuprador agressivo parece durar uma eternidade. Visto desse ângulo, nosso conceito de tempo pode começar a parecer menos estável.

Pode ser que alguns deixem um *pouquinho* do desconhecido entrar em seu raciocínio, abrindo um pouco de espaço para a possibilidade de clarividência, intuição, fantasmas, almas gêmeas e assim por diante, mas na maioria das vezes operamos dentro de uma lógica científica, preto no branco. Um punhado dos assim chamados bem-dotados pode ter a coragem ou a habilidade de ir além do convencional e, desde que a visão deles não seja irreverente *demais*, é possível que consigam passar por artistas, como Salvador Dalí. Há também uns poucos iogues célebres que deliberadamente vão só um *pouco* além do que é convencionalmente aceito, e são veneradas como "loucos divinos". Caso você, no entanto, passe muito além das fronteiras aceitáveis, caso mergulhe de cabeça na vacuidade, é bem possível que as pessoas o tachem de anormal, maluco e irracional.

Siddhartha, porém, não era irracional. Ele estava apenas afirmando que o pensamento convencional, racional, é limitado. Não podemos, ou não queremos, compreender o que está além de nossa zona de conforto. É bem mais funcional operar com o conceito linear de "ontem, hoje e amanhã" do que dizer "o tempo é relativo". Não fomos programados para pensar, *Posso caber dentro do chifre de um iaque sem precisar mudar de tamanho ou de forma*. Não conseguimos romper com os conceitos de "pequeno" e "grande". Preferimos continuar confinados a perspectivas limitadas e seguras, conforme vêm sendo transmitidas de geração a geração e que não resistem ao menor exame. Por exemplo, o conceito de tempo linear no qual este mundo está tão bem assentado não explica por que o tempo não tem um verdadeiro começo ou fim.

Fazendo uso de um raciocínio que, na melhor das hipóteses, é impreciso, mensuramos ou rotulamos as coisas como "verdadeiramente existentes". Função, continuidade e consenso são importantes em nosso processo de validação. Pensamos que se algo tem uma função — por exemplo, sua mão parece funcionar quando segura este livro —, então deve existir em um sentido permanente, último e válido. A fotografia de uma mão não funciona do mesmo modo, portanto, sabemos que não é realmente uma mão. Do mesmo modo, se uma coisa parece ter uma qualidade continuada — por exemplo, se vimos uma montanha ontem e ela está no mesmo lugar hoje — sentimo-nos seguros de que ela é "real" e estará lá amanhã e depois. E, quando as outras pessoas confirmam que veem tudo como nós vemos, ficamos ainda mais convencidos de que as coisas existem de verdade.

Com certeza, não andamos por aí racionalizando, confirmando e rotulando, conscientemente, a existência verdadeira das coisas — *as minhas mãos verdadeiramente existentes seguram um livro verdadeiramente existente* — mas, de modo inconsciente, operamos com a certeza de que o mundo tem existência sólida, o que afeta nossa maneira de pensar e sentir a cada momento. Apenas em raras ocasiões, quando olhamos no espelho ou para uma miragem, apreciamos o fato de que algumas coisas são meras aparências. Não há carne nem ossos no espelho; não há água na miragem. Nós "sabemos" que as imagens no espelho não são reais, que são vazias de existência intrínseca. Esse tipo de compreensão pode nos levar muito mais longe, mas vamos apenas até onde a mente racional nos permite ir.

Quando nos apresentam a ideia de um homem que cabe dentro de um chifre de iaque sem mudar de tamanho, ficamos com poucas alternativas. Podemos ser "racionais" e refutar a história, dizendo que aquilo simplesmente não é possível. Ou podemos nos valer de alguma crença mística em magia ou devoção cega e dizer, *Ah, sim, Milarepa era um grande iogue; sem dúvida, ele conseguia fazer esse tipo de coisa e muito mais.* De um jeito ou de outro, nossa visão é distorcida, porque negar é uma forma de subestimar, e a fé cega é uma forma de superestimar.

O rio de ontem: uma lógica parcial

Por meio de incansável contemplação, Siddhartha enxergou claramente a falácia da maneira convencional de avaliar, racionalizar e rotular. É claro que funciona até certo ponto — nosso mundo parece operar com base nessas convenções. Quando nós, seres humanos, dizemos que alguma coisa tem existência genuína e verdadeira, estamos nos referindo ao fato de essa coisa ser claramente definida, não imaginária, real, provável, imutável e incondicional. Sem dúvida, dizemos que algumas coisas mudam. Um botão de flor desabrocha e se transforma numa flor; ainda assim, pensamos nele como sendo uma flor verdadeiramente existente à medida que se altera. O crescimento e a mudança fazem parte de nosso conceito fixo sobre a natureza da flor. Ficaríamos muito mais surpresos se ela passasse a ser permanente. Nesse sentido, então, nossa expectativa de mudança é imutável.

Um rio corre com águas novas, em constante mutação; ainda assim, o chamamos de rio. Se visitarmos o mesmo lugar um ano depois, pensamos que se trata do mesmo rio. Mas, em que sentido seria ele o mesmo? Se isolarmos um aspecto ou característica, a semelhança desaparece. A água é diferente, a Terra encontra-se em um lugar diferente em sua rotação pela galáxia, as folhas caíram e outras tomaram seu lugar — tudo o que resta é a aparência de um rio parecido com aquele que vimos da última vez. "Aparência" é uma base muito instável para a "verdade". Uma simples análise revela que os elementos que sustentam nossa realidade convencional são pressuposições e generalizações vagas. Embora as palavras usadas por Siddhartha para definir a "verdade" possam ter sido semelhantes àquelas usadas pelas pessoas comuns — *não imaginária, claramente definida, imutável, incondicional* — o uso que ele fez dessas palavras foi muito mais preciso; elas não são generalizações. De acordo com ele, "imutável" significa, necessariamente, imutável em todas as dimensões, *sem exceção*, mesmo depois de minuciosa análise.

Nossa definição corriqueira de "verdade" é resultado de uma análise parcial. Se a análise leva a uma resposta confortável, se nos dá o que queremos, não vamos além disso. *Este aqui é um sanduíche de verdade? Ele tem gosto de sanduíche; então, vou comer.* A análise para aí. Um garoto está à procura de uma companheira; ele vê uma garota; ela é bonita; então, ele para de analisar e se aproxima. A análise de Siddhartha continuou a ir cada vez mais longe, até que o sanduíche e a garota passaram a ser simples átomos e, ao final, nem mesmo os átomos resistiram à sua análise. Ao não encontrar nada, ele se livrou das decepções.

Siddhartha concluiu que o único meio de confirmar a existência verdadeira de uma coisa é provar que ela existe de modo independente, livre de interpretação, fabricação ou mudança. Para Siddhartha, todos os mecanismos aparentemente funcionais de nossa sobrevivência cotidiana — física, emocional e conceitual — não se enquadram nessa definição. Eles se formam a partir de uma reunião de componentes instáveis e impermanentes e, portanto, estão em constante mudança. Podemos entender essa afirmação no mundo convencional. Por exemplo, você poderia dizer que seu reflexo no espelho não tem existência verdadeira porque depende de sua presença na frente do espelho. Se fosse independente, mesmo sem seu rosto deveria haver o reflexo. De igual modo, nenhuma coisa pode existir verdadeiramente sem depender de incontáveis condições.

Olhamos para um aro de fogo e não temos dificuldade em entender as condições que o produziram. Aceitamos que, desde que os componentes estejam operando em conjunto, efetivamente formam um aro de fogo... por enquanto. Mas, por que não conseguimos pensar dessa maneira sobre o livro que estamos segurando ou sobre a cama na qual estamos deitados? Ele tem a aparência de um livro, as outras pessoas o veem como um livro, funciona como um livro; quando analisado, porém, o princípio do "por enquanto" também pode ser aplicado a ele. Tudo o que percebemos em nossa vida é "por enquanto". As coisas parecem existir no momento; só não temos a coragem ou a vontade de vê-las assim. E, já que não temos a inteligência de enxergar as coisas em partes, nos acomodamos em vê-las como um todo. Se todas as penas de um pavão forem arrancadas, ele deixa de nos encantar. No entanto, não estamos dispostos a nos entregar a esse tipo de visão do mundo. É como estar aconchegado na cama, tendo um sonho gostoso, ligeiramente consciente de que está sonhando, sem querer acordar. Ou como ver um belo arco-íris e não querer se aproximar porque vai desaparecer. Ter um espírito com coragem para despertar e investigar é o que os budistas chamam de "renúncia". Ao contrário da crença popular, a renúncia no budismo não tem nada a ver com autoflagelação ou austeridade. Siddhartha teve a vontade e a capacidade de ver que toda a nossa existência é formada simplesmente por rótulos colocados em fenômenos desprovidos de existência verdadeira e foi assim que ele despertou.

O Buda não era masoquista

Muitas pessoas com uma vaga ideia do que o Buda ensinou pensam que o budismo é mórbido, que os budistas negam a felicidade e só pensam no sofrimento. Elas imaginam que os budistas dão as costas à beleza e aos prazeres físicos por serem tentações, que os budistas sejam puros e plácidos. Na verdade, os ensinamentos de Siddhartha não discriminam a beleza e os prazeres mais do que qualquer outro conceito — desde que não nos empolguemos demais e passemos a acreditar que todas essas coisas realmente existam.

Siddhartha tinha um discípulo leigo, um guerreiro chamado Manjushri, famoso por ser espirituoso e um exímio pregador de peças. Entre os companheiros que estudavam com Manjushri, havia um monge muito diligente e respeitado, conhecido por dominar a "meditação sobre o feio", um método recomendado, dentre muitos outros, para pessoas atraídas pelo desejo e pelas paixões. O método consiste em imaginar que todos os seres humanos são feitos de veias, cartilagem, intestinos e coisas assim. Manjushri resolveu testar o monge diligente, recorrendo a seus poderes sobrenaturais. Ele se transformou numa bela ninfa e apareceu para o monge, no intuito de seduzi-lo. Por algum tempo, o bom monge não se deixou corromper, mantendo-se impassível, mas os poderes de sedução de Manjushri eram extraordinários, e o monge começou a ceder a seus encantos. O monge estava surpreso, pois ao longo de muitos anos de meditação, conseguira resistir a algumas das mais belas mulheres do lugar. Chocado e desapontado consigo mesmo, ele fugiu. Mas a ninfa o perseguiu até que, exausto, o monge caiu por terra. Enquanto aquela sedutora mulher se aproximava, o monge pensou, *Estou perdido; esta bela jovem está prestes a me abraçar*. Ele fechou os olhos com força e ficou esperando, mas nada aconteceu. Quando por fim abriu os olhos, a ninfa havia se desfeito em fragmentos e, em seu lugar, apareceu Manjushri a sorrir. "Pensar que alguém é belo é um conceito", disse ele. "Se você se apegar a esse conceito, ficará cerceado, preso como que por um nó. No entanto, pensar que alguém é feio também é um conceito, e ele também o fará prisioneiro."

Todos os anos, gastamos rios de dinheiro para embelezar a nós próprios e ao ambiente que nos cerca. Mas, o que é a beleza? Podemos dizer que ela está nos olhos de quem a vê; no entanto, milhões de espectadores assistem ao concurso de Miss Universo para saber quem é a mais bela do universo na opinião de um júri. Supostamente, a definição última de beleza nos é dada por um grupo de mais ou menos dez jurados. Sem dúvida, sempre haverá detratores, dado que estão sendo ignoradas, neste universo, a beleza das mulheres de Papua-Nova Guiné e a elegância das mulheres de certas tribos africanas, que usam anéis em torno do pescoço alongado.

Se Siddhartha se sentasse para assistir a um concurso de Miss Universo, veria um tipo bem diferente de beleza definitiva. A seus olhos, a jovem que fosse coroada não poderia encarnar a beleza definitiva porque a beleza dela dependeria do observador. Visto que a definição de "definitivo" proposta por Siddhartha exige independência de todas e quaisquer condições, não haveria necessidade da condição de um concurso para que a jovem fosse de fato bela, pois todos automaticamente concordariam que ali estava a beleza última. E, se ela fosse bela de verdade, não poderia haver um momento em que ela fosse ligeiramente não tão bela. Ela teria que ser bela quando bocejasse, quando roncasse, quando escorresse saliva de sua boca, quando estivesse sentada na privada, quando ficasse velha — *todo* o tempo.

Em vez de enxergar uma candidata como mais ou menos bonita do que as demais, Siddhartha enxergaria que todas as mulheres são vazias de feiura e de beleza. A beleza para ele estaria nas centenas de milhares de perspectivas a partir das quais cada uma das candidatas poderia ser vista. Dentre os inúmeros pontos de vista possíveis no universo, alguém sentiria inveja, alguém a veria como amante, filha, irmã, mãe, amiga, rival. Para um crocodilo ela seria alimento; para um parasita, hospedagem. Para Siddhartha, esse conjunto de possibilidades é, em si mesmo, impressionantemente belo, ao passo que, se uma pessoa fosse verdadeira e definitivamente bela, teria que viver fixada nesse estado de beleza para sempre. Todos os vestidos longos e maiôs, luzes e maquiagem seriam desnecessários. Do jeito que são as coisas, o que temos é a manifestação de um concurso e, *por enquanto*, o espetáculo é tão belo quanto nosso velho conhecido aro de fogo, composto e impermanente.

Verdade relativa: existente "em certa medida"

De acordo com a filosofia budista, qualquer coisa que seja percebida pela mente não existia antes de ser assim percebida; essa coisa depende da mente. Ela não existe de modo independente; portanto, não existe verdadeiramente. Isso não exclui a afirmação de que existe *em certa medida*. Os budistas chamam o mundo percebido pelos sentidos de verdade "relativa" — uma verdade que é medida e rotulada por nossa mente comum. Para que possa ser classificada como "última", a verdade não deve ser fabricada, não deve ser produto da imaginação e precisa ser independente de interpretações.

Embora Siddhartha tenha compreendido a vacuidade, a vacuidade não foi fabricada por Siddhartha nem por qualquer outra pessoa. A vacuidade não é fruto da revelação de Siddhartha, nem foi desenvolvida como uma teoria para ajudar as pessoas a serem felizes. Quer Siddhartha ensinasse a vacuidade ou não, ela sempre seria vacuidade, embora, paradoxalmente, não possamos sequer dizer que a vacuidade sempre existiu, pois ela está além do tempo e não tem forma. Tampouco deve a vacuidade ser interpretada como uma negação da existência — ou seja, também não podemos dizer que este mundo relativo não existe — porque, para podermos negar algo, precisamos admitir, em primeiro lugar, que existe algo a ser negado. A vacuidade não cancela nossa experiência do cotidiano. Siddhartha jamais disse que existe algo mais espetacular, melhor, mais puro ou mais divino em substituição ao que percebemos. Ele também não foi um anarquista que refutou as aparências ou as funções da existência mundana. Ele não disse que a aparência do arco-íris não existe, nem que uma xícara de chá não existe. Podemos desfrutar de nossas experiências, mas o mero fato de que nos seja possível vivenciar uma coisa não significa que ela seja dotada de existência verdadeira. Siddhartha simplesmente sugeriu que examinássemos nossas experiências e cogitássemos a possibilidade de elas serem apenas uma ilusão temporária, como um sonho acordado.

Se alguém pedisse para você agitar os braços como asas e voar, você diria: "Não consigo", porque em nossa experiência do mundo relativo é fisicamente impossível voar, assim como é impossível alguém se esconder dentro de um chifre de iaque. Mas imagine que você esteja dormindo e sonhando que voa pelo céu. Se alguém no sonho lhe disser: "Os seres humanos não conseguem voar", você dirá: "Eu consigo — não está vendo?" E sairá voando. Siddhartha concordaria com ambas as afirmações — você *não consegue* voar quando está acordado, e você *consegue* voar quando está sonhando. O motivo são as causas e condições que se reúnem ou deixam de se reunir; uma condição necessária para se conseguir voar é o estado do sonho. Quando ele não está presente, você não consegue voar; quando está, você consegue. Se você sonha que está voando e continua a acreditar que consegue voar depois de acordado, pode criar um problema. Você cairá e ficará decepcionado. Siddhartha disse que, mesmo quando estamos acordados no mundo relativo, estamos dormindo o sono da ignorância, como as cortesãs no palácio na noite em que ele abandonou sua vida passada. Quando as causas e condições certas se reúnem, qualquer coisa pode se manifestar. Mas, quando essas condições se esgotam, a manifestação cessa.

Vendo que nossas experiências neste mundo são como um sonho, Siddhartha concluiu que o hábito de nos fixarmos na mera aparência do mundo relativo onírico, de pensarmos que ele existe de verdade, nos joga em um ciclo infindável de dor e ansiedade. Estamos imersos em um sonho profundo, hibernando como um bicho-da-seda dentro do casulo. Tecemos uma realidade baseada em nossas projeções, imaginação, esperanças, medos e enganos. Nossos casulos se tornaram muito sólidos e sofisticados. Nosso mundo imaginário é tão real que vivemos presos dentro do casulo. Mas podemos nos libertar simplesmente nos dando conta de que tudo é nossa imaginação.

Com certeza, existem infinitas maneiras de acordar deste sono. Mesmo substâncias como o peiote e a mescalina podem dar uma vaga noção do aspecto ilusório da "realidade". No entanto, uma droga não pode proporcionar um despertar pleno, simplesmente porque esse despertar é dependente de uma substância externa e, quando acaba o efeito da mescalina, a experiência acaba junto. Imagine que você esteja tendo um sonho muito ruim. Basta uma centelha de percepção de que está sonhando para acordar. Ela pode vir do próprio sonho. Quando você faz algo fora do normal dentro do sonho, isso pode servir como uma sacudidela que o leva a perceber que está dormindo. O peiote e a mescalina podem acender uma breve percepção ao revelar o poder da mente e da imaginação. As alucinações nos ajudam a perceber que as ilusões podem ser bastante tangíveis e verossímeis. Essas substâncias, porém, não são recomendáveis, porque proporcionam apenas uma experiência artificial, que pode até mesmo fazer mal ao corpo. Então, deveríamos ter a aspiração de despertar de uma vez por todas, sem depender de estímulos externos. É muito melhor quando a compreensão brota de dentro para fora. O que precisamos é despertar de nossos padrões habituais, imaginação e voracidade. O treinamento da mente e a meditação são os métodos mais rápidos, seguros e eficazes para trabalhar com nosso fluxo mental. Como disse Siddhartha: "Tu és senhor de ti mesmo."

"É o apego que aprisiona"

Siddhartha tinha plena compreensão de que no mundo relativo é possível fazer uma xícara de chá e beber; ele não diria: "Não há chá nenhum" nem diria "O chá é vacuidade". Se ele abrisse a boca, seria para sugerir que o chá não é o que parece ser. Ele poderia dizer, por exemplo, que o chá é a soma de folhas murchas e água quente. No entanto, alguns fanáticos por chá se empolgam demais com as folhas e a formulação de misturas especiais, criando nomes como Chá Dragão de Ferro e vendendo pequenas porções por centenas de dólares. Para eles não se trata apenas de folhas dentro d'água. Foi por isso que, cerca 1.500 anos depois de Siddhartha ter ensinado, um dos herdeiros de sua tradição, por nome Tilopa, disse a seu discípulo Naropa: "Não são as aparências que te aprisionam; o que te aprisiona é o apego às aparências."

Houve uma vez uma bela monja chamada Utpala. Um homem se apaixonou perdidamente por ela e passou a persegui-la. O assédio a deixou desconfortável e ela tentou evitar o homem; ele, porém, não dava trégua. Finalmente um dia, para completo espanto do homem, ela foi até ele e o confrontou. Aturdido, ele deixou escapar que adorava os olhos dela. Sem hesitar, ela os arrancou e entregou a ele. O choque levou-o a ver como é fácil ficar enredado e obcecado com partes agregadas. Superado o choque e o horror, ele se tornou aluno dela.

Em uma outra fábula budista japonesa, dois monges Zen que seguiam viagem chegaram a um rio, onde uma jovem pediu que a carregassem até a outra margem, por causa da correnteza. Ambos os monges haviam tomado votos plenos, não lhes sendo permitido tocar em uma mulher; o mais velho, porém, colocou a jovem nas costas e cruzou o rio. Quando alcançaram a margem, ele a pôs no chão e, sem uma palavra, seguiu seu caminho. Algumas horas depois, o monge mais novo não se conteve e disse: "Nós não somos monges? Por que você carregou aquela mulher?"

O monge mais velho respondeu: "Eu a larguei no chão há muito tempo. Por que você continua a carregá-la?"

Em um momento de clareza, pode ser que consigamos enxergar a vacuidade de conceitos abstratos, como belo e feio — é uma questão de interpretação, afinal de contas —, mas é muito mais difícil compreendermos a vacuidade de coisas que não são abstratas, como o carro que precisa de conserto, as contas que precisam ser pagas, uma pressão arterial perigosamente alta, a família que nos sustenta ou que depende de nosso sustento. É compreensível que não estejamos dispostos ou não sejamos capazes de enxergar que essas coisas são ilusórias. O ridículo é maior quando ficamos enredados em coisas extravagantes como a alta-costura ou alta-gastronomia, com o *status* de celebridade ou de sócio de um clube de elite. Não são poucas as pessoas que são tão mal-acostumadas que acham muito necessário ter uma televisão em cada cômodo da casa ou duzentos pares de sapato. Cobiçar um tênis Nike ou um terno Giorgio Armani em uma butique chique vai muito além do aspecto prático do instinto de sobrevivência. As pessoas chegam a brigar nas lojas por causa de uma bolsa. Os fenômenos compostos de embalagens e pesquisas de mercado são tão complexos e calculados que ficamos malucos por marcas e grifes, aceitando preços ridículos que não têm a mínima correlação com o valor material do produto.

Como a maioria das pessoas acolhe o ponto de vista de que essas coisas têm valor, é difícil para uma pessoa preocupada em cultivar uma imagem e admiradora da marca Louis Vuitton compreender que sua obsessão por bolsas de couro legítimo é desprovida de essência, quanto mais compreender que a própria bolsa é desprovida de essência. Reforçada pela cultura popular, a importância da posição social e dos rótulos ganha solidez em nossa mente, tornando nosso mundo cada vez mais artificial.

Além de sermos manipulados por cobradores de dívidas e gênios do *marketing*, somos arrastados de um lado para o outro por regimes políticos, como democracia e comunismo, por conceitos abstratos, como direitos humanos, e por posições morais, como a oposição ao aborto e o "direito à morte". O mundo da política está cheio desses rótulos, e as chances de liderança legítima são escassas ou nulas. Os seres humanos já experimentaram vários sistemas de governo, cada qual com suas vantagens, mas muitos ainda vivem em meio ao sofrimento. Talvez existam alguns políticos íntegros de fato, mas, para vencer nas urnas, eles precisam se autoproclamar a favor ou contra os direitos dos homossexuais, ainda que não tenham opinião formada sobre o assunto. Em geral nos pegamos, mesmo sem querer, concordando com o que a maioria pensa, mesmo que seja uma posição insensata, para nos enquadrarmos neste mundo "democrático".

Há muito tempo, em um país assolado pela seca, um vidente respeitado previu que dentro de sete dias, finalmente, choveria. A previsão se cumpriu, em meio a grande júbilo. Ele, então, previu uma chuva de pedras preciosas e, uma vez mais, sua previsão foi acertada. O povo estava próspero e muito feliz. Sua próxima previsão foi que depois de sete dias haveria uma nova chuva, uma chuva amaldiçoada, e quem bebesse daquela água enlouqueceria. O rei ordenou que fosse armazenada uma enorme quantidade de água não contaminada para que ele não precisasse beber a água amaldiçoada, mas seus súditos não dispunham de recursos para tanto. Quando a chuva veio, eles beberam a água e enlouqueceram. Só o rei estava "em seu pleno juízo", mas ele não conseguia governar os súditos loucos; então, como um último recurso, ele também bebeu a água contaminada. Para governar, ele precisou compartilhar da loucura de seu povo.

Como no caso do concurso de Miss Universo, tudo o que fazemos ou pensamos neste mundo está baseado em um sistema muito limitado de lógica compartilhada. Damos ênfase demais ao consenso. Se a maioria concorda que alguma coisa seja verdade, em geral essa coisa passa a ser válida. Quando olhamos para uma pequena lagoa, nós humanos vemos só uma lagoa, mas para os peixes que lá vivem a lagoa é o universo. Se adotarmos uma postura democrática, a opinião dos moradores aquáticos deve prevalecer, pois existem mais peixes do que observadores de lagoas. A regra da maioria nem sempre funciona. Filmes horríveis de apelo popular são campeões de bilheteria, enquanto um filme independente fascinante é visto por apenas um punhado de gente. E, dado que nos pautamos pelo pensamento do grupo, o mundo muitas vezes fica nas mãos dos governantes mais míopes e corruptos; a democracia fala ao mínimo denominador comum.

A verdade: nem fábula, nem mágica, nem mortal

É difícil para nós, que temos a mente condicionada pelo pragmatismo, compreender a vacuidade; por isso, o gesto de Milarepa de se abrigar dentro do chifre de iaque é quase sempre descartado como uma fábula. É uma coisa que não cabe dentro de nossa pequena cabeça, do mesmo modo que o mar não cabe dentro de um poço. Havia uma vez uma rã que morava num poço. Um dia, ela encontrou uma rã que vivia no mar. A rã do mar contou histórias fantásticas sobre sua morada e se gabou da imensidão do oceano. Mas a rã do poço não podia acreditar; ela imaginava que seu poço fosse o maior e o mais fabuloso corpo d'água do mundo, porque não tinha nenhum ponto de referência, nenhuma experiência, nenhuma razão para pensar o contrário. Então, a rã do mar levou a rã do poço até o mar. Ao se deparar com a vastidão do oceano, a rã do poço teve um ataque cardíaco e morreu.

A compreensão não é necessariamente letal. Não precisamos ser como a rã do poço e cair mortos quando expostos à vacuidade. Se a rã do mar tivesse sido um pouco mais compassiva e habilidosa, poderia ter se saído um guia melhor, e a rã do poço não teria morrido. Talvez ela até viesse a se mudar para o mar. Não precisamos de nenhum dote sobrenatural para entender a vacuidade. É uma questão de educação e de disposição para ver as coisas em termos de todas as suas partes, bem como de suas causas e condições ocultas. Essa visão é semelhante à de um cenógrafo ou assistente de fotografia quando vai ao cinema. Um profissional enxerga mais do que nós. Ele vê como a câmera estava posicionada, quais foram as lentes e equipamentos de iluminação utilizados, que a multidão foi gerada por computador, e todas as demais técnicas cinematográficas que a plateia não percebe; com isso, para ele a ilusão se desfaz. Ainda assim, um profissional pode ter enorme prazer ao ir ao cinema. Este é um exemplo do humor transcendente de Siddhartha.

Gravatas e a garra da emoção

O exemplo budista clássico usado para ilustrar a vacuidade é o da cobra e da corda. Digamos que há um homem medroso chamado João, que tem fobia de cobras. Ele entra num quarto mal iluminado, vê uma cobra enrolada num canto e entra em pânico. Na verdade, ele está olhando para uma gravata listada Giorgio Armani, mas, em seu terror, interpreta mal o que vê, a ponto de quase morrer de medo — morte causada por uma cobra que não existe de verdade. Enquanto ele estiver sob a impressão de que se trata de uma cobra, a dor e a ansiedade que ele vivencia correspondem ao que os budistas chamam de "samsara", que é uma espécie de armadilha mental. Para sorte de João, sua amiga Maria entra no quarto. Maria é calma e equilibrada, e sabe que João imagina estar vendo uma cobra. Ela pode acender a luz e explicar que não há cobra nenhuma, que se trata, na realidade, de uma gravata. Quando João se convence de que não corre risco, seu alívio é justamente o que os budistas chamam de "nirvana" — libertação. Todavia, o alívio de João tem por base a falácia de que o mal está sendo afastado, embora a cobra não existisse nem nunca tenha existido nada que pudesse ter feito João sofrer.

É importante compreender que ao acender a luz e mostrar que a cobra não existe, Maria está também dizendo que não existe ausência de cobra. Ou seja, ela não pode dizer: "Agora a cobra foi embora", porque nunca houve uma cobra. Ela não fez a cobra desaparecer, do mesmo modo que Siddhartha não criou a vacuidade. É por isso que Siddhartha insistiu que não poderia varrer o sofrimento das pessoas com um abano de mão. Tampouco poderia sua própria liberação ser compartilhada ou concedida a esse ou àquele, como algum tipo de prêmio. Tudo o que Siddhartha poderia fazer era explicar, a partir de sua experiência, que desde o início jamais houve sofrimento, o que para nós é semelhante a acender a luz.

Quando Maria encontra João paralisado pelo medo, ela tem algumas opções do que fazer. Ela pode mostrar diretamente que a cobra não existe, ou pode fazer uso de um meio hábil, como ir conduzindo a "cobra" para fora do quarto. No entanto, se João estiver aterrorizado a ponto de não conseguir distinguir a gravata da cobra, mesmo com a luz acesa, e se Maria não for hábil, ela pode piorar a situação. Se ela balançar a gravata diante do rosto de João, pode ser que ele morra do coração. Mas, se Maria for hábil e perceber que João está vendo coisas, ela poderá dizer: "É mesmo, eu também estou vendo a cobra", e cuidadosamente retirar a gravata da sala para que João passe a se sentir seguro. Talvez depois, quando ele estiver calmo, seja possível conduzi-lo com jeito até o ponto em que ele possa ver que desde o início a cobra jamais existiu.

Se João nunca tivesse entrado no quarto, se não houvesse o mal-entendido, toda a situação de ver ou deixar de ver a cobra perderia o sentido. Mas, porque ele viu uma cobra e ficou preso naquela situação, e porque está paralisado pelo medo, ele quer encontrar um meio de escapar. Os ensinamentos de Siddhartha constituem um método para essa liberação. O Dharma é, por vezes, denominado um caminho "sagrado", embora, estritamente falando, não exista divindade no budismo. Um caminho é um método ou ferramenta que nos conduz de um lugar para outro; neste caso, o caminho nos conduz da ignorância até a ausência de ignorância. Usamos a palavra *sagrado*, ou *venerável*, porque a sabedoria do Dharma pode nos libertar do medo e do sofrimento, o que é, de modo geral, a função do divino.

Nosso cotidiano é cheio incertezas, alegrias ocasionais, ansiedades e emoções que se enroscam em nós como uma serpente. Nossas esperanças, medos, ambições e histeria coletiva criam a escuridão e as sombras que permitem que a ilusão da cobra se torne ainda mais vívida. Tal como o assustadiço João, caçamos soluções em todos os cantos do quarto escuro. A única finalidade dos ensinamentos de Siddhartha é ajudar gente medrosa como nós a entender que o sofrimento e a paranoia são fruto de ilusões.

Embora Siddhartha não pudesse eliminar o sofrimento com uma vara de condão ou por meio de algum poder divino, ele foi muito hábil quando se tratou de acender a luz. Ele ofereceu muitos caminhos e métodos para a descoberta da verdade. De fato, no budismo há dezenas de milhares de caminhos que podemos seguir. Por que não simplificar tudo num só método? Porque, assim como existem vários remédios para tratar diferentes doenças, vários métodos são necessários para os diferentes tipos de hábitos, culturas e atitudes. O método a ser seguido depende do estado mental do aluno e da habilidade do professor. Em vez de chocar a todos com a vacuidade logo de início, Siddhartha ensinou as multidões de discípulos por meio de métodos populares como a meditação e os códigos de conduta — "Faça a coisa certa, não roube, não minta". Ele prescreveu diferentes níveis de renúncia e austeridades, desde raspar a cabeça até abster-se de comer carne, dependendo da natureza do aluno. Esses caminhos rigorosos e aparentemente religiosos funcionam bem para aqueles que não conseguem de início ouvir ou compreender a vacuidade, bem como para aqueles cuja natureza se presta ao ascetismo.

Como o Buda ensinou: o Dharma como placebo

Algumas pessoas pensam que regras rígidas e ações virtuosas constituem a essência do budismo, mas essas coisas formam apenas uma pequena parte dos métodos hábeis e abundantes do Buda. Ele sabia que nem todos têm a capacidade de entender verdades últimas desde o princípio. É difícil para muitas pessoas processar conceitos como "o inferno é simplesmente a percepção de sua própria agressividade", quanto mais o conceito de vacuidade. O Buda não quer que João viva enredado em um "inferno" pessoal, mas também não pode dizer a João para trabalhar com suas percepções e sua raiva, porque João é um tolo. Então, pensando no bem de João, o Buda ensina que existe um inferno externo e, para não acabar lá e ser queimado vivo em ferro derretido, João precisa deixar de se envolver com ações e emoções negativas e não virtuosas. Esses ensinamentos permeiam a esfera do budismo; com bastante frequência, vemos os reinos dos infernos retratados nas paredes de templos budistas, com detalhes de corpos em chamas e desfiladeiros aterradores de águas gélidas. Essas imagens podem ser tomadas literal ou figurativamente, dependendo da capacidade do aluno. Aqueles dotados de faculdades superiores sabem que a fonte de nosso inferno cotidiano, de nosso sofrimento, brota de nossas próprias percepções. Eles sabem que não haverá o dia do julgamento nem um juiz. Quando Milarepa apareceu no chifre de iaque, o próprio Rechungpa estava a caminho de se tornar um grande mestre. Ele tinha uma enorme capacidade intelectual de compreensão da vacuidade, e realização suficiente para conseguir *ver* Milarepa dentro do chifre de iaque, mas não a ponto de ele conseguir se juntar ao mestre. O objetivo final do Buda é fazer João compreender, como esses alunos bem-dotados, que não existe um inferno separado de sua própria raiva e ignorância. Ao reduzir temporariamente suas ações negativas, João é afastado do caminho que o leva a emaranhar-se mais e mais em suas percepções, receios e paranoia.

A palavra carma é praticamente sinônimo de budismo. Em geral, é entendida como uma espécie de sistema moralista de acerto de contas — carma "negativo" e carma "positivo". O carma, porém, é simplesmente uma lei de causa e efeito, que não deve ser confundida com a moral ou a ética. Ninguém, nem mesmo o Buda, estabeleceu o critério fundamental do que é negativo e do que é positivo. Toda motivação e ação que nos desviam de verdades como "todas as coisas compostas são impermanentes" podem resultar em consequências negativas, ou carma ruim. E toda ação que nos leva mais perto da compreensão de verdades como "todas as emoções são dor" pode resultar em consequências positivas, ou carma bom. No fim das contas, não cabe ao Buda julgar; somente você pode saber, de fato, qual é a motivação que está por trás de suas ações.

EM UM DEBATE COM SEU DISCÍPULO SUBHUTI, Siddhartha disse: "Aqueles que veem o Buda como uma forma e aqueles que ouvem o Buda como um som têm visão equivocada." Quatrocentos anos mais tarde, o grande erudito indiano e mestre budista Nagarjuna concordou. Em seu famoso tratado sobre filosofia budista, ele dedicou um capítulo inteiro à "Análise do Buda", tendo concluído que, em última instância, não há um buda que exista externamente. Mesmo hoje, não é incomum ouvirmos ditados budistas como: "Se você avistar buda caminhando pela estrada, mate-o." É claro que o significado aqui é figurado; com certeza, ninguém deve matá-lo. O que se quer dizer é que o buda real não é um salvador que existe externamente, dentro dos confins do tempo e do espaço. Por outro lado, um homem chamado Siddhartha de fato apareceu nesta Terra; ele caminhava descalço pelas ruas de Magadha pedindo esmolas e ficou conhecido como o Buda Gautama. Esse buda fez sermões, cuidou dos doentes e até mesmo visitou sua família em Kapilavastu. O motivo pelo qual os budistas não questionam que esse buda físico tenha existido no século V AEC, na Índia — e não na Croácia dos dias de hoje, por exemplo — é o fato de haver registros históricos que confirmam que ao longo dos séculos ele tem sido uma fonte de inspiração para os indianos. Ele foi um grande professor, o primeiro em uma longa linhagem de mestres eruditos e discípulos. Nada mais do que isso. Contudo, para um buscador sério, a inspiração é tudo.

Siddhartha fez uso de muitos métodos hábeis para inspirar as pessoas. Certo dia, um monge notou um rasgo no manto do Buda Gautama e se ofereceu para costurá-lo, mas o Buda recusou a oferta. Ele continuou a caminhar e a pedir esmolas com seu manto rasgado. Os monges ficaram perplexos quando ele se encaminhou para o refúgio de uma mulher indigente, pois sabiam que ela não tinha esmolas para dar. Ao ver o manto rasgado, a mulher se ofereceu para consertá-lo com o pouco de linha que tinha. Siddhartha aceitou e afirmou que, por causa daquela ação virtuosa, na próxima vida ela renasceria como uma rainha das esferas celestiais. Muitas pessoas se inspiram nessa história para praticar atos de generosidade.

Em uma outra história, Siddhartha advertiu um açougueiro que matar criava carma negativo. Mas o açougueiro disse: "Isto é tudo o que sei fazer; este é meu ganha-pão." Siddhartha disse ao açougueiro para, pelo menos, fazer o voto de não matar do pôr do sol até o nascer do sol. Ele não estava dando permissão para o açougueiro matar durante o dia, mas, sim, conduzindo-o a gradualmente minimizar suas ações nocivas. Esses são exemplos da habilidade de meios empregados pelo Buda para ensinar o Dharma. Ele não disse que a mulher pobre iria para o céu por ter costurado o manto *dele*, como se ele fosse um ser divino. Foi a própria generosidade da mulher que propiciou sua boa fortuna.

Você poderia ver um paradoxo em tudo isso. O Buda é contraditório ao dizer que ele não existe, que tudo é vacuidade, para em seguida pregar a moralidade e a salvação. Esses métodos, porém, são necessários para não espantar aqueles que não estão prontos para serem apresentados à vacuidade. Assim, eles são pacificados e preparados para receber os ensinamentos efetivos. É como dizer que *existe* uma cobra e jogar a gravata pela janela. Esses infinitos métodos compõem o caminho. O próprio caminho, contudo, terá de ser abandonado um dia, do mesmo modo que se abandona um barco ao alcançar a outra margem. É preciso desembarcar ao chegar. No estágio de realização plena, você terá de abandonar o budismo. O caminho espiritual é uma solução provisória, um placebo a ser utilizado até que a vacuidade seja compreendida.

Os benefícios de compreender

Talvez você ainda esteja se perguntando, *Qual é o benefício de compreender a vacuidade?* Ao compreender a vacuidade, você continua a apreciar tudo o que aparentemente existe, mas sem se agarrar às ilusões como se fossem reais, e sem a incessante decepção de uma criança que corre atrás do arco-íris. Sua visão penetra as ilusões e isso faz lembrar que elas são, antes de mais nada, criações do eu. A vida ainda pode mexer com você; você pode se emocionar, ficar triste, irado ou apaixonado, mas tem a confiança de alguém que vai ao cinema e consegue se distanciar do drama, porque tem a clara compreensão de que se trata apenas de um filme. Suas esperanças e medos, pelo menos, se dissipam um pouco, como acontece quando você reconhece que a cobra é só uma gravata.

Quando não temos a compreensão da vacuidade, quando não entendemos plenamente que todas as coisas são ilusões, o mundo parece real, tangível e sólido. Nossas esperanças e medos também se tornam sólidos e, assim, incontroláveis. Por exemplo, se você tiver uma crença sólida na existência de sua família, terá uma profunda expectativa de que seus pais cuidarão de você, mas não terá o mesmo sentimento em relação a um estranho que vê na rua; ele não tem esse tipo de obrigação. A compreensão dos fenômenos compostos e a compreensão da vacuidade abrem espaço no relacionamento. À medida que você começa a ver as várias experiências, pressões e circunstâncias que moldaram seus pais, suas expectativas em relação a eles se modificam, sua decepção diminui. Quando nos tornamos pais, mesmo um pouco de compreensão da interdependência já serve para abrandar a expectativa em relação aos filhos, o que talvez eles interpretem como amor. Sem essa compreensão, podemos ter a melhor das intenções de amar e cuidar dos filhos, mas nossas expectativas e cobranças podem se tornar insuportáveis.

Igualmente, ao compreender a vacuidade você perde interesse por toda a parafernália e todas as crenças que a sociedade constrói e derruba — regimes políticos, ciência e tecnologia, economia global, sociedade livre, as Nações Unidas. Você passa a ser como um adulto que não se interessa muito por jogos de criança. Por tantos anos, você confiou nessas instituições e acreditou que elas poderiam dar certo onde outros sistemas já fracassaram, mas o mundo ainda não se tornou um lugar mais seguro nem mais agradável.

Isso não quer dizer que deveríamos viver à margem da sociedade. Ter uma compreensão da vacuidade não significa se tornar *blasé*; ao contrário, desenvolvemos um sentimento de responsabilidade e compaixão. Se João está aos berros, fazendo uma cena, gritando para que parem de encher a casa de cobras, você sente compaixão por ele, porque sabe que tudo aquilo é fruto de uma alucinação. Talvez os outros não sejam tão condescendentes, mas você pode tentar acender a luz para ajudar João. No plano material, você continua a lutar por seus direitos, conserva seu emprego, atua politicamente dentro do sistema; entretanto, quando a situação se modifica, seja a favor ou contra, você está preparado. Você deixa de acreditar cegamente que todos os seus desejos e esperanças precisam se concretizar e não fica preso ao resultado final.

Na maioria das vezes, muitos de nós optamos por ficar no escuro. Não conseguimos enxergar as ilusões que criam nossa vida cotidiana porque não temos a coragem de romper com a rede em que estamos conectados. Pensamos que temos, ou logo teremos, uma situação suficientemente confortável — basta continuar na mesma toada. É como se entrássemos em um labirinto, fazendo um trajeto com o qual já estamos habituados, sem a mínima vontade de explorar novas direções. Não nos aventuramos porque imaginamos que há muito a perder. Tememos que, se passarmos a enxergar o mundo do ponto de vista da vacuidade, seremos excluídos da sociedade, perderemos nossa respeitabilidade e, junto com ela, os amigos, a família e o emprego. O apelo sedutor do mundo ilusório não ajuda; vem tão bem embalado! Somos bombardeados com mensagens sobre sabonetes que nos fazem cheirar como astros e estrelas, sobre o poder milagroso da Dieta de South Beach, sobre como a democracia é o único sistema viável de governo, sobre como as vitaminas aumentam nossa resistência. Raramente ouvimos mais de um dos lados da verdade e, nas raras ocasiões em que isso acontece, geralmente está em letra bem miúda. Imagine George W. Bush indo para o Iraque e declarando, *A democracia à moda americana pode funcionar aqui neste país — ou não.*

Como crianças no cinema, somos levados pela ilusão. Daí vem toda a nossa vaidade, ambição e insegurança. Nós nos apaixonamos pelas ilusões que criamos e passamos a ter um orgulho excessivo de nossa aparência, de nossos bens e realizações. É como uma pessoa usar uma máscara e imaginar, com orgulho, que a máscara seja realmente ela.

Era uma vez quinhentos macacos, um dos quais se considerava muito inteligente. Uma noite o macaco viu o reflexo da lua no lago. Sem modéstia, informou a todos os outros macacos, "Se formos até o lago e pegarmos a lua, vamos nos transformar nos heróis que salvaram a lua." A princípio, os outros macacos não acreditaram nele. Mas, quando viram com os próprios olhos que a lua havia caído no lago, resolveram tentar salvá-la. Subiram numa árvore e foram segurando no rabo uns dos outros, para assim chegar até a lua que cintilava no lago. No exato momento em que o último macaco estava prestes a agarrar a lua, o galho quebrou e todos caíram no lago. Eles não sabiam nadar e ficaram se debatendo na água, enquanto a imagem da lua se desmanchava na agitação. Cada um de nós, movido pela sede de fama e originalidade, é como um desses macacos que acham que suas descobertas são muito inteligentes e tenta convencer os semelhantes a ver o que ele vê e pensar o que ele pensa, impelido pela ambição de ser o salvador, o esperto, aquele que sabe tudo. Abrigamos todo tipo de pequenas ambições, como impressionar uma garota, ou de grandes ambições, como pousar em Marte. E, vez após vez, acabamos na água, sem nada em que segurar e sem saber nadar.

* * *

Tendo compreendido a vacuidade, Siddhartha não tinha preferência entre deitar sobre o capim *kusha*, debaixo da árvore *bodhi*, ou sobre as almofadas de seda do palácio. O grande valor atribuído às almofadas tecidas em fio de ouro é inteiramente fabricado pela ambição e pelo desejo humanos. Na verdade, um eremita das montanhas poderia achar o capim *kusha* mais repousante e limpo; ainda melhor, quando se desgastasse, nada haveria com que se preocupar. Não seria necessário borrifá-lo com repelente para impedir que os gatos afiassem as unhas no capim. A vida palaciana é repleta desses "objetos preciosos" que exigem cuidados. Se fosse forçado a escolher, Siddhartha optaria pela cobertura de capim, que o pouparia de manutenção.

Nós, humanos, consideramos a abertura mental uma virtude. Para alargar nossa mente, é importante não nos contentarmos apenas com o conforto e o hábito. É bom ter coragem de ir além das normas estabelecidas, sem ficar confinado aos limites da lógica convencional. Se pudermos ir além desses limites, vamos nos dar conta de que a vacuidade é ridiculamente simples. Milarepa abrigar-se dentro do chifre de iaque será tão pouco surpreendente quanto calçar um par de luvas. O desafio está em nosso apego ao uso da mesma velha lógica, gramática, alfabeto e equações numéricas. Se conseguirmos lembrar da natureza composta desses hábitos, conseguiremos cortá-los. Não é impossível quebrá-los. Basta uma situação em que as condições sejam exatas e uma informação que chegue na hora certa; de repente, você pode se dar conta de que todas as ferramentas que utiliza não são tão rígidas — são elásticas, maleáveis. Seu ponto de vista se transforma. Se uma pessoa de sua confiança lhe disser que sua esposa, pela qual você vem guardando ressentimento por todos esses anos, é, na realidade, uma deusa da prosperidade disfarçada, seu modo de olhar para ela vai se alterar completamente. Do mesmo modo, se você estiver em um ótimo restaurante saboreando um filé com todos os tipos de molhos, apreciando cada garfada, e o chef lhe disser que se trata de carne humana, num instante a experiência dá uma guinada de 180 graus. Seu conceito de delicioso se transforma em um conceito de repugnante.

Ao acordar de um sonho com quinhentos elefantes, você não se sente confuso, tentando entender como eles couberam em seu quarto, porque sabe que os elefantes não existiram nem antes, nem durante, nem depois do sonho. Enquanto você sonhava com os elefantes, porém, eles eram perfeitamente reais. Um dia entenderemos, não apenas intelectualmente, que não existe "grande" e "pequeno", "ganho" ou "perda" — que tudo é relativo. Então, seremos capazes de compreender como Milarepa coube no chifre de iaque, e porque um tirano como o rei Ashoka se curvou diante dessa verdade e a acolheu.

4
O nirvana está além dos conceitos

DE ACORDO COM O BUDISMO, antes da vida em que atingiu a iluminação, Siddhartha passou por incontáveis vidas como pássaro, macaco, elefante, rei, rainha e muitas outras como bodhisattva, um ser cujo único objetivo é vencer a ignorância para beneficiar todos os seres. Mas foi em sua vida como o príncipe indiano Siddhartha que ele finalmente derrotou Mara sob a fronde da árvore *bodhi* e alcançou a outra margem, o outro lado do *samsara*. Esse estado é denominado "nirvana". Depois de chegar ao nirvana, Siddhartha proferiu o primeiro sermão em Sarnath, próximo a Varanasi, e continuou a ensinar por todo o norte da Índia pelo resto de uma longa vida. Seus alunos foram monges e monjas, reis e chefes guerreiros, cortesãs e mercadores. Muitos membros de sua família tornaram-se renunciantes, inclusive sua mulher Yashodhara e o filho Rahula. Ele foi venerado como um ser humano supremo por muitas pessoas, em toda a Índia e além. Mas Siddhartha não se tornou imortal. Depois de uma longa vida de ensinamentos, faleceu em um lugar conhecido como Kushinagar. Naquele momento, passou além do próprio nirvana, para um estado chamado "parinirvana".

Céu: as férias definitivas?

Nirvana, iluminação, liberação, liberdade, céu — essas são palavras que muitos gostam de dizer e poucos têm tempo para examinar. Como seria ingressar num desses estados? Embora se possa pensar que o nirvana seja muito diferente do céu, nossas versões de céu e nirvana têm, grosso modo, as mesmas características. O céu/nirvana é o lugar para onde vamos ao morrer, depois de muitos anos pagando contas, fazendo práticas espirituais e sendo bons cidadãos. Lá, encontramos muitos de nossos velhos camaradas, pois é o lugar onde todos os "bons" mortos se reúnem, enquanto os mortos que não são tão bons sofrem lá embaixo. Finalmente, temos a oportunidade de desvendar os mistérios da vida, acabar as coisas que deixamos por fazer, reparar faltas e, quem sabe, conhecer nossas vidas passadas. Enquanto isso, criancinhas sem órgãos genitais voam de um lado para o outro, cuidando de passar nossa roupa. As moradias atendem a todas as nossas necessidades e desejos, muito bem localizadas em uma comunidade de moradores do nirvana, todos cumpridores da lei. Nunca precisamos trancar portas nem janelas e é provável que a polícia seja uma coisa desnecessária. Se existirem políticos, serão todos confiáveis e honestos. Tudo será exatamente como quisermos, como numa casa de repouso muito agradável. Ou talvez alguns imaginem a mais pura e clara das luzes, espaços vastos, arco-íris e nuvens onde poderemos repousar em estado de beatitude, exercitando poderes de clarividência e onisciência. Não haverá o medo da morte, pois já estaremos mortos e não teremos nada a perder. A única preocupação que poderíamos ter seria com alguns de nossos amigos e parentes queridos deixados para trás.

Siddhartha considerava essas versões do pós-morte fantasiosas. Se examinada de perto, a visão típica do céu não é tão atraente assim, tampouco a iluminação. Aposentadorias, luas-de-mel e piqueniques são ótimos — se não forem infinitos. Se as férias de nossos sonhos forem longas demais, começaremos a sentir saudades de casa. Se a vida perfeita não tiver nenhum traço de sofrimento ou de risco, poderá ser enfadonha. Ao tomar conhecimento dessas coisas, você tem uma escolha — adotar uma postura de superioridade ou ser solidário com aqueles que sofrem. Isso não é celestial. Aqui, neste plano mundano, podemos assistir a filmes de suspense, de detetive e eróticos. No céu, uma linguagem sugestiva e roupas provocantes não lhe proporcionam nenhum prazer porque, se os seres são oniscientes, já sabem o que está por trás de tudo. Podemos comemorar a noite de sexta-feira, depois de uma semana de trabalho duro. Podemos apreciar a mudança das estações e instalar a última versão de um programa no computador. Podemos abrir o jornal de manhã, ler sobre todas as coisas ruins que estão acontecendo no mundo e imaginar o que faríamos se pudéssemos trocar de lugar com os líderes mundiais. Podemos fazer tudo isso, embora muitos de nossos "pequenos prazeres" sejam na verdade problemas, sequer disfarçados de outra coisa. Se você gosta de assistir futebol com uma cerveja na mão, tem de ficar preso por duas horas inteiras assistindo ao jogo, sem muita liberdade para fazer outras coisas; você fica sujeito a interrupções; precisa pagar a TV a cabo, a comida e a bebida; seu colesterol pode subir e ainda corre o risco de ter um ataque cardíaco se o time adversário abrir o placar.

Em contraste, imaginamos que a iluminação é uma zona perenemente livre de problemas. Será que conseguiríamos lidar com um estado em que não existissem obstáculos? Teríamos de passar sem muitas das emoções, realizações e diversões que compõem nossa ideia de felicidade. Com certeza os fãs do Eminem ficariam enjoados com toda aquela música de harpas no céu — eles iam querer ouvir o último CD de seu ídolo, com todo o linguajar ofensivo. Se aceitássemos a iluminação tal como a imaginamos, não poderíamos apreciar um filme de suspense; nosso poder de onisciência estragaria a surpresa no final. Não haveria mais vibração na pista de corrida, porque já saberíamos qual cavalo seria o vencedor.

A imortalidade é um outro atributo geralmente associado à iluminação ou ao céu. Depois de instalados em nossa morada celeste, nunca mais morreremos; não há outra escolha a não ser continuar a viver para sempre. Ficamos presos naquela situação. Não há por onde escapar. Temos tudo o que sempre sonhamos, exceto uma rota de saída, surpresas, desafios, satisfações — nem livre-arbítrio, já que não mais será necessário. Levando tudo isso em conta, do ponto de vista atual, a iluminação é um estado de tédio absoluto.

Contudo, quase ninguém examina com um olhar crítico sua própria versão da vida após a morte, pois é preferível que seja imprecisa, uma vaga ideia de que será um bom lugar de descanso final. A iluminação à qual aspiramos é eterna, uma espécie de moradia permanente. Ou, talvez, algumas pessoas pensem que poderiam voltar para nos visitar, transformadas em uma espécie de divindade ou ser superior com poderes especiais de que nós mortais não dispomos. Elas teriam imunidade angelical, como os diplomatas que viajam com passaporte especial. E, graças à sua imunidade e alto escalão, imaginam que conseguiriam vistos para levar consigo, na volta, os amigos e parentes. Mas aí surge uma questão: se alguns desses novos imigrantes tiverem seu próprio modo de pensar — talvez gostem de usar meias vistosas que distrairiam a atenção dos outros seres celestiais — não haveria um problema no céu? E, se todas as "pessoas boas" puderem entrar de sócias do céu ou do nirvana, a versão de felicidade de qual delas vai prevalecer?

Seja qual for a definição de felicidade, ela é o objetivo final de todos os seres. Não é de surpreender, portanto, que a felicidade seja um componente indispensável na definição do céu ou da iluminação. Uma boa vida após a morte deve incluir a obtenção — por fim! — de tudo o que sempre lutamos para conseguir. Em geral, em nossa versão pessoal de céu, vivemos em um sistema semelhante ao nosso atual, só que mais sofisticado e com tudo funcionando melhor.

A meta não é a felicidade

A maioria de nós acredita que a realização última do caminho espiritual só vem depois desta vida. Vivemos confinados a este corpo e ambiente impuros; portanto, precisamos morrer para podermos finalmente triunfar. Só depois da morte vamos vivenciar o estado divino ou iluminado. Então, a melhor coisa a fazer nesta vida é nos preparar para tal estado; o que fizermos agora determinará se iremos para o céu ou para o inferno. Alguns já perderam as esperanças. Acreditam que são intrinsecamente maus e que não merecem ir para o céu — estão predestinados ao mundo das trevas. Do mesmo modo, muitos budistas sabem intelectualmente que todos nós temos o mesmo potencial e a mesma natureza que o Buda Gautama; entretanto, emocionalmente, sentem que não possuem as qualidades ou a capacidade para ganhar acesso aos portões dourados da iluminação. Pelo menos não nesta vida.

Para Siddhartha, o lugar de descanso final que chamamos céu ou nirvana não é um lugar — é uma libertação da camisa-de-força da delusão. Se você exigir que seja especificado um lugar físico, então pode ser o lugar em que você está neste exato momento. Para Siddhartha foi sobre uma laje de pedra coberta com um pouco de capim *kusha*, debaixo da árvore *bodhi*, no estado de Bihar, na Índia. Esse local físico pode ser visitado ainda hoje. A versão de liberdade de Siddhartha não é exclusivista. Pode ser alcançada nesta vida, dependendo da coragem, sabedoria e diligência da pessoa. Não há ninguém que não tenha esse potencial, nem mesmo os seres presos nos reinos dos infernos.

O objetivo de Siddhartha não era ser feliz. Seu caminho não conduz, ao final, à felicidade. Antes, é uma rota direta para o estado de libertação do sofrimento, libertação da delusão e da confusão. Assim, o nirvana não é nem felicidade nem infelicidade — o nirvana está além de todos os conceitos dualistas. Nirvana é paz. O objetivo de Siddhartha, ao ensinar o Dharma, foi livrar por completo gente como João, que padece de medo de cobras. Isso significa que João precisa ir além do alívio de entender que não corre o perigo de ser atacado por uma cobra. Ele precisa se dar conta que, desde o início, nunca houve cobra alguma, apenas uma gravata Giorgio Armani. Em outras palavras, o objetivo de Siddhartha foi aliviar o sofrimento de João e, então, ajudá-lo a entender que jamais existiu uma causa verdadeira para seu sofrimento.

Poderíamos dizer que a simples compreensão da verdade traz a iluminação. Na medida em que compreendemos a verdade, podemos avançar pelos estágios da iluminação, chamados de "níveis do bodhisattva". O medo de uma criança que se apavora com um monstro em uma peça de teatro pode ser aliviado se ela for ao camarim e conhecer o ator sem o traje de cena. Do mesmo modo, na medida em que você consegue ver o que está por trás de todos os fenômenos e compreender a verdade, encontra liberação. Mesmo que o ator tire apenas a máscara, o medo se atenua. Do mesmo modo, se uma pessoa compreender parte da verdade, há uma liberação equivalente. Um escultor pode criar uma bela mulher feita de mármore, mas precisa ter o bom senso de não se apaixonar por sua criação. Assim como Pigmalião e sua estátua de Galatea, também criamos nossos amigos e inimigos, mas esquecemos que é isso o que está acontecendo. Por nos faltar vigilância mental, nossas criações se transformam em algo sólido e real, e ficamos cada vez mais enredados. Quando compreendermos por completo, não apenas intelectualmente, que tudo é apenas criação nossa, estaremos livres.

Embora a felicidade seja considerada um mero conceito, ainda assim os textos budistas empregam termos como *suprema bem-aventurança* para descrever a iluminação. O nirvana pode, sem dúvida, ser entendido como um estado de regozijo, pois a ausência de confusão e ignorância, a ausência de felicidade e infelicidade, é a bem-aventurança. Enxergar a fonte da confusão e da ignorância, a cobra por exemplo, como nunca tendo existido, é ainda melhor. Você sente grande alívio quando acorda de um pesadelo, mas a bem-aventurança seria jamais ter sonhado. Nesse sentido bem-aventurança não é o mesmo que felicidade. Siddhartha enfatizou a seus seguidores que, para aqueles com a séria intenção de se livrar do samsara, é uma futilidade buscar a paz e a felicidade, neste mundo ou depois da morte.

A armadilha da felicidade

O Buda tinha um primo chamado Nanda que era perdidamente apaixonado por uma de suas mulheres. Eles tinham obsessão um pelo outro, e viviam grudados dia e noite. O Buda sabia que chegara a hora de seu primo despertar daquele estado de entrega ao prazer, de modo que se dirigiu ao palácio de Nanda para pedir esmolas. Os visitantes eram habitualmente dispensados, já que Nanda se mantinha ocupado com suas práticas amorosas, mas o Buda tinha influência especial. Por muitas vidas, ele nunca mentiu e, por causa desse mérito, sua fala conquistou o poder da persuasão. Quando o atendente anunciou que o Buda estava à porta, Nanda levantou com relutância de seu ninho de amor, sentindo-se obrigado a pelo menos saudar o primo. Antes de Nanda sair, a mulher molhou o polegar e desenhou um círculo de saliva na testa dele, pedindo que ele voltasse antes que a saliva secasse. Quando Nanda foi oferecer a esmola, porém, o Buda o convidou para ver algo verdadeiramente raro e fantástico. Nanda tentou encontrar uma desculpa para escapar do passeio, mas o Buda insistiu.

Os dois seguiram até uma montanha onde moravam muitos macacos, inclusive uma macaca caolha, cheia de calombos. O Buda perguntou a Nanda, "Quem é a mais bonita, a tua mulher ou esta macaca?". É claro, Nanda respondeu que sua mulher era a mais bonita, e passou a descrever seus encantos. Ao falar sobre a esposa, Nanda deu-se conta de que a saliva sobre sua testa havia secado há muito tempo, e foi tomado por um forte desejo de voltar para casa. Em vez disso, o Buda arrastou Nanda até o céu Tushita, onde podiam ser vistas centenas de belas deusas e montanhas recobertas de riquezas celestiais. O Buda indagou: "Quem é mais bela, a tua mulher ou estas deusas?" Dessa vez, Nanda se curvou e respondeu que sua mulher parecia uma macaca quando comparada às deusas. O Buda então mostrou a Nanda um trono opulento que se encontrava vazio, em meio a todos os tesouros, deusas e guardas. Assombrado, Nanda perguntou: "Quem se senta aqui?" O Buda lhe disse que perguntasse às deusas. Elas informaram: "Na Terra há um homem chamado Nanda que logo vai se tornar monge. Por causa de suas ações virtuosas, ele renascerá no céu e assumirá este trono para que possamos servi-lo." Imediatamente Nanda pediu ao Buda que o ordenasse.

Eles regressaram ao plano mundano e Nanda se tornou monge. O Buda então mandou chamar seu outro primo, Ananda, e disse-lhe que cuidasse para que todos os demais monges evitassem Nanda. Eles deveriam marginalizá-lo a todo custo. "Não se misturem, porque vocês têm intenções diferentes; portanto, seus pontos de vista são diferentes e seus atos, certamente, serão diferentes", afirmou o Buda. "Vocês buscam a iluminação, e ele busca a felicidade." Os monges esquivaram-se da companhia de Nanda, que passou a se sentir triste e abandonado. Ele contou ao Buda como estava se sentindo excluído. O Buda disse a Nanda que viesse com ele novamente. Dessa vez, viajaram até o reino do inferno, onde presenciaram todo tipo de tortura, esquartejamento e sufocamento. No centro de toda aquela atividade havia um enorme caldeirão, em torno do qual as criaturas dos infernos estavam ocupadas com elaborados preparativos. O Buda sugeriu a Nanda que perguntasse o que estavam fazendo. "Ah", responderam, "na Terra há um homem chamado Nanda que agora é monge. Por causa disso, ele irá para o céu por muito tempo. Mas, como ele não cortou a raiz do samsara, vai ficar muito ocupado com as delícias do reino dos deuses e não vai procurar gerar novas circunstâncias favoráveis. Seu mérito se esgotará e ele cairá direto neste caldeirão, onde vamos fervê-lo."

Naquele momento, Nanda deu-se conta de que era preciso renunciar não só à infelicidade, mas também à felicidade.

A HISTÓRIA DE NANDA ILUSTRA como todos nós nos entregamos a experiências prazerosas. Como Nanda, não hesitamos em deixar para trás uma forma de felicidade quando outra melhor se apresenta. A macaca caolha reforçou a percepção que Nanda tinha da beleza suprema de sua mulher, mas ele não hesitou em querer abandoná-la quando viu as deusas. Se a iluminação fosse simplesmente a felicidade, poderia ser descartada quando algo melhor aparecesse. A felicidade é uma premissa muito frágil para servir de base para nossa vida.

Nós, seres humanos, temos a tendência de pensar nos seres iluminados a partir de nosso próprio contexto. É mais fácil imaginar um ser iluminado hipotético, envolto na névoa à distância, do que imaginar um ser iluminado presente, vivo e respirando; isso porque, em nossa opinião, um ser desse tipo precisa ser fabuloso e apresentar traços e talentos transcendentes, além de todas as melhores características humanas. Talvez alguém pense que possa alcançar a iluminação, se tentar com muito afinco. No entanto, partindo de uma imagem tão sublime, "tentar com afinco" provavelmente significa fazer um grande esforço e sacrificar todos os tipos de delícias por milhões de vidas. Essas ideias se apresentam quando nos damos ao trabalho de pensar sobre o assunto, mas na maior parte do tempo nem isso fazemos. É muito cansativo. Ao verificar como é difícil deixar os hábitos mundanos, a iluminação parece inatingível. Se não consigo sequer parar de fumar, como posso pensar em deixar os hábitos da paixão, da raiva e da negação da realidade? Muita gente pensa que é necessário nomear um salvador ou um guru para fazer a faxina por nós, porque não temos certeza de conseguir fazer isso sozinhos. Mas todo esse pessimismo é desnecessário se tivermos a informação correta sobre a verdade da interdependência e um pouco de disciplina para pôr em prática essa informação.

Esperança e pureza original

Assim como o conhecimento adquirido por meio da experiência transcende a dúvida, a iluminação também transcende a dúvida. Precisamos chegar a uma compreensão plena de que os obscurecimentos e confusões que obstruem nossa iluminação não estão colados em nós para sempre. Por mais tenazes e permanentes que nossos obstáculos possam parecer, na realidade são fenômenos compostos e instáveis. Compreender a lógica de que os fenômenos compostos são dependentes e manipuláveis nos leva a enxergar sua natureza impermanente e à conclusão de que podem ser removidos por completo.

Nossa verdadeira natureza é semelhante a um copo de vinho, e os obscurecimentos e imperfeições são semelhantes à sujeira e às marcas de dedos que se acumulam sobre o copo. Quando compramos o copo, ele não vem da fábrica com marcas de dedos inerentes e verdadeiramente existentes. Quando a sujeira está acumulada, a mente habitual pensa que o copo *é* sujo, não que *está* sujo. A natureza dele não é suja; é um copo com um pouco de sujeira e com marcas dos dedos de quem o segurou. Se o copo *fosse* sujo, a única opção seria jogá-lo fora, porque a sujeira e o copo apareceriam unidos em uma só coisa: um copo sujo. Mas não é o caso. A sujeira, as marcas de dedos e as outras substâncias se acumularam na superfície do copo devido a uma série de circunstâncias. Elas são temporárias. Podemos empregar muitos métodos diferentes para lavar o copo e remover a sujeira. Ele pode ser lavado no rio, na pia ou na lava-louças, ou podemos pedir à empregada que lave o copo. Mas, seja qual for o método utilizado, a intenção é eliminar a sujeira, não o copo. Há uma enorme diferença entre lavar o copo e lavar a sujeira. Alguém poderia argumentar que essa distinção é meramente semântica, pois quando dizemos que estamos lavando a louça, queremos dizer que estamos removendo as impurezas da louça. Nesse caso, Siddhartha concordaria, mas pensar que o copo ficou em algum sentido diferente do que era antes de ser lavado é uma concepção equivocada, porque o copo não contém, intrinsecamente, nenhuma marca de dedo. Quando a sujeira é removida, o copo não se transforma — continua sendo o mesmo copo que foi comprado na loja.

Quando imaginamos que somos intrinsecamente raivosos e ignorantes, duvidando de nossa capacidade de alcançar a iluminação, estamos pensando que nossa verdadeira natureza é permanentemente impura e corrompida. No entanto, assim como as marcas de dedos sobre o copo de vinho, essas emoções não fazem parte de nossa verdadeira natureza; nós apenas acumulamos a poluição de todo tipo de situações desfavoráveis, tais como a companhia de pessoas não virtuosas ou a incapacidade de compreender as consequências de nossas ações. A ausência primordial de obscurecimentos, a natureza pura de nosso ser, é muitas vezes chamada de "natureza búdica". Contudo, os obscurecimentos e as emoções que os obscurecimentos produzem existem há tanto tempo e se tornaram tão fortes que hoje são nossa segunda natureza, seguindo-nos sempre como uma sombra. Não surpreende que alguém pense que não há esperança.

Para recuperar a esperança, aqueles que seguem o caminho do budismo podem começar pensando, *Meu copo de vinho pode ser lavado*, ou *Meu ser pode ser purificado da negatividade*. Essa forma um tanto ingênua de olhar a situação é semelhante a João pensar que a cobra precisa ser retirada. Entretanto, às vezes esse é um passo preparatório necessário, antes que possamos enxergar a natureza verdadeira e original de todas as coisas. Se não for possível perceber a pureza preexistente de todos os fenômenos, pelo menos acreditar que um estado puro possa ser alcançado nos ajuda a ir em frente. Assim como João quer se livrar da cobra, queremos nos livrar de nossos obscurecimentos e temos coragem para tentar, porque sabemos que é possível. Basta aplicar os remédios que enfraquecem as causas e condições de nossas imperfeições ou que fortalecem opostos — por exemplo, gerar amor e compaixão para vencer a raiva. Assim como nosso entusiasmo em lavar a louça vem da certeza de que é possível conseguir um copo limpo, o entusiasmo para eliminar os obscurecimentos vem da certeza de que possuímos uma natureza búdica. Temos confiança para pôr a louça suja na lava-louças porque sabemos que os restos de comida podem ser removidos. Se nos pedissem para lavar um pedaço de carvão até ficar branco, não teríamos a mesma confiança e entusiasmo.

Um facho de luz na escuridão da tempestade

No entanto, como detectar a natureza búdica em meio a tanta ignorância, escuridão e confusão? O primeiro sinal de esperança para um marinheiro perdido no mar é avistar um facho de luz na escuridão da tempestade. Ao navegar em sua direção, ele chega à fonte de luz, ao farol. O amor e a compaixão são como a luz que emana da natureza búdica. No começo, a natureza búdica é um mero conceito muito além de nossa visão, mas se gerarmos amor e compaixão um dia conseguiremos caminhar em sua direção. Pode ser difícil enxergar a natureza búdica daqueles que estão perdidos na escuridão da ganância, do ódio e da ignorância. A natureza búdica dessas pessoas é tão distante que parece inexistir. Entretanto, até as pessoas mais sombrias e violentas têm lampejos de amor e compaixão, ainda que breves e tênues. Se esses raros vislumbres forem nutridos e se for investida energia para seguir na direção da luz, a natureza búdica dessas pessoas pode ser revelada.

É por isso que o amor e a compaixão são louvados como o caminho mais seguro para a ausência total de ignorância. O primeiro ato de compaixão de Siddhartha ocorreu durante uma de suas primeiras encarnações, em um lugar improvável — não como um bodhisattva, mas como habitante do reino dos infernos, onde foi parar em consequência do carma negativo que ele próprio havia acumulado. Ele e um companheiro de infortúnio estavam sendo forçados a puxar uma carroça pelas chamas do inferno, enquanto do alto da carroça um capataz os chicoteava sem piedade. Siddhartha ainda guardava forças, mas o companheiro estava muito debilitado e por isso era atingido com crueldade ainda maior.

A visão do companheiro sendo açoitado provocou em Siddhartha uma pontada de compaixão. Ele implorou ao demônio que os castigava: "Solte-o, por favor; deixe que eu carregue este fardo por nós dois." Enfurecido, o demônio deu um violento golpe na cabeça de Siddhartha e ele morreu, renascendo em um reino superior. Aquela centelha de compaixão na hora da morte continuou a crescer e a brilhar com mais intensidade em suas reencarnações subsequentes.

Além do amor e da compaixão, existe um sem-número de caminhos disponíveis que nos levam mais perto da compreensão da natureza búdica. Mesmo se entendermos apenas intelectualmente a bondade fundamental do ser humano e de todos os demais seres, esse entendimento já nos aproxima da natureza búdica. É como se tivéssemos esquecido onde guardamos um anel de diamante precioso, mas pelo menos sabemos que está dentro de um baú de tesouros, e não perdido na vasta encosta de uma montanha.

Embora empreguemos palavras como *alcançar, desejar* e *rezar* em referência à iluminação, em última análise não conquistamos a iluminação a partir de uma fonte externa. Uma forma de expressão mais correta seria *descobrir* a iluminação que sempre existiu. A iluminação faz parte de nossa verdadeira natureza. Nossa verdadeira natureza é como uma estátua de ouro que ainda está dentro do molde, e o molde é como os obscurecimentos e a ignorância. Assim como o molde não faz parte da estátua, a ignorância e as emoções não constituem uma parte intrínseca de nossa natureza, e por isso podemos falar em pureza original. Quando o molde é quebrado, surge a estátua. Quando os obscurecimentos são removidos, nossa verdadeira natureza búdica é revelada. É importante, contudo, compreender que a natureza búdica não é uma alma ou essência divina verdadeiramente existente.

Qual é a sensação?

Podemos ainda estar nos perguntando: *O que é essa iluminação, se não é felicidade nem infelicidade?* Como um ser iluminado aparece e funciona? Qual a sensação de descobrir nossa natureza búdica?

Nos textos budistas, quando aparece esse tipo de pergunta, a resposta normalmente é que essas coisas estão além de nossa concepção, são inexprimíveis. Muitos pensam, incorretamente, que esse é um subterfúgio para não responder. Mas essa, efetivamente, *é* a resposta. Nossa lógica, linguagem e símbolos são tão limitados que não conseguimos sequer expressar plenamente algo tão mundano quanto uma sensação de alívio; as palavras são inadequadas para transmitir por inteiro uma experiência total de alívio para outra pessoa. Se até os físicos quânticos têm dificuldade em encontrar palavras para expressar suas teorias, como ter a expectativa de encontrar um vocabulário para expressar a iluminação? Enquanto estivermos confinados ao estado atual, em que apenas uma fração das possibilidades da lógica e da linguagem é utilizada e no qual ainda somos presas das emoções, só podemos imaginar como é ser iluminado. Às vezes, porém, com a ajuda de diligência, inferência e raciocínio lógico podemos chegar a uma boa aproximação, da mesma maneira que ao ver fumaça no alto de uma montanha é possível supor, com certa precisão, que lá há fogo. Utilizando os recursos a nosso dispor, podemos começar a ver e aceitar que os obscurecimentos são resultado de causas e condições que podem ser manipuladas e, por fim, eliminadas. Imaginar a ausência das emoções aflitivas e das negatividades é o primeiro passo para compreender a natureza da iluminação.

Suponha que você esteja com dor de cabeça. Sua vontade imediata é aliviar a dor, o que é possível porque você sabe que a dor de cabeça não é um componente inato de seu ser. Você, então, procura descobrir o que causou a dor de cabeça — falta de sono, por exemplo. A seguir, aplica o remédio apropriado para eliminar a dor de cabeça, como tomar uma aspirina ou tirar um cochilo.

No primeiro sermão, em Varanasi, Siddhartha ensinou os seguintes quatro passos, comumente conhecidos como as quatro nobres verdades: conheça o sofrimento; abandone as causas do sofrimento; siga o caminho que leva à cessação do sofrimento; saiba que o sofrimento pode ter fim. Alguém poderia se perguntar por que Siddhartha precisou destacar "Conheça o sofrimento". Será que não somos suficientemente inteligentes para saber quando estamos sofrendo? Infelizmente, só reconhecemos a dor como tal quando ela está realmente madura. É difícil convencer a pessoa que está se deliciando com um sorvete de que ela está sofrendo. Mas então ela se lembra da advertência do médico para baixar o colesterol e perder peso. E, se você examinar de perto aquela situação aparentemente prazerosa, do momento em que a pessoa começou a ter vontade de tomar sorvete até surgir a preocupação com a gordura e o colesterol, verá que foram momentos de ansiedade.

É fácil aceitar que emoções como a raiva possam ser controladas com o remédio adequado por uma tarde, talvez, mas é um desafio mental muito grande aceitar que uma emoção possa desaparecer para sempre. Se conseguimos imaginar uma pessoa que tenha eliminado a raiva em parte, mostrando-se em geral calma e tranquila, podemos dar um passo adiante e imaginar alguém que tenha removido a raiva permanentemente. Mas como se comporta alguém que tenha ido além de todas as emoções? Os devotos mais crédulos talvez imaginem um ser manso, sentado de pernas cruzadas sobre uma nuvem. Os céticos, contudo, poderão pensar que uma pessoa dessas deve funcionar como um legume — apática e entediante... se é que ela existe.

Embora o estado iluminado seja inexprimível e os seres iluminados não possam ser identificados pela mente comum, podemos ainda assim perguntar: "Quem foi Siddhartha? O que ele fez que foi tão incrível e poderoso? Que feitos extraordinários realizou?" No budismo, um ser iluminado não é julgado por suas ações sobrenaturais, como voar, nem por seus atributos físicos, como um terceiro olho. Muito embora o Buda seja frequentemente descrito como tendo o semblante muito sereno, cor dourada, mãos delicadas e um porte majestoso, essas descrições são mais eloquentes para os camponeses ingênuos e pessoas como João. Nas escrituras budistas autênticas, a capacidade do Buda de voar e praticar atos mágicos nunca é exibida. Na verdade, nas instruções essenciais os seguidores do Buda são advertidos repetidas vezes a não se impressionarem com esses detalhes sem importância. Embora ele possa até ter tido esses talentos, eles jamais foram considerados suas maiores realizações. Sua maior realização foi compreender a verdade, pois é a compreensão da verdade que nos liberta do sofrimento de uma vez por todas. Esse é o verdadeiro milagre. O Buda viu a mesma velhice, doença e morte que nós vemos, mas isso o instigou a buscar a causa primeira dessas ocorrências, o que também é um milagre. A compreensão de que todas as coisas compostas são impermanentes foi seu triunfo definitivo. Em vez de ostentar vitória sobre um inimigo existente no mundo exterior, ele descobriu que o verdadeiro inimigo é o apego ao eu; e derrotar esse apego é um milagre incomparavelmente maior do que qualquer milagre sobrenatural, real ou imaginário.

Embora a descoberta de que o tempo e o espaço são relativos seja atribuída aos cientistas modernos, Siddhartha chegou à mesma conclusão 2.500 anos atrás, sem nenhuma verba para pesquisa ou laboratório científico — e isso também é um milagre. Ao contrário de muitos de seus contemporâneos, que estavam presos à noção de que a liberdade depende da graça de outrem (como ainda hoje acontece), ele descobriu que todo ser é puro por natureza. Munidos deste conhecimento, todos os seres têm o poder de se libertar. Em lugar de se recolher a uma vida contemplativa, o Buda teve a enorme compaixão de compartilhar suas descobertas revolucionárias com todos os seres, por mais difícil que fosse ensinar e compreender. Ele concebeu um caminho que inclui dezenas de milhares de métodos, que vão desde coisas simples, como oferecer incenso, sentar ereto e observar a respiração, até visualizações e meditações complexas. Aí reside seu extraordinário poder.

A vantagem de ir além do tempo e do espaço

Quando Siddhartha se iluminou, passou a ser conhecido como o Buda. *Buda* não é o nome de uma pessoa; é a designação de um estado mental. O termo *buda* denota uma qualidade que tem dois aspectos: "realizado" e "desperto". Em outras palavras, aquele que purificou os obscurecimentos e aquele que alcançou o conhecimento. Ao atingir o estado de realização debaixo da árvore *bodhi*, o Buda despertou da visão dualista e do emaranhado de conceitos que a acompanha, como sujeito e objeto. Ele entendeu que nenhuma coisa composta pode existir de modo permanente. Ele entendeu que nenhuma emoção leva à felicidade, se provier do apego ao eu. Ele entendeu que não há um eu verdadeiramente existente, nem fenômenos verdadeiramente existentes que possam ser percebidos. E ele entendeu que mesmo a iluminação está além dos conceitos. Esse entendimento é o que chamamos de "a sabedoria do Buda", uma conscientização da verdade em sua totalidade. O Buda é considerado onisciente. Isso não quer dizer que o Buda tenha frequentado todas as universidades do mundo e decorado todos os livros. Esse tipo de estudo não corresponde ao conhecimento que é próprio do estado desperto, pois é um conhecimento dualista, baseado em sujeitos e objetos e confinado por suas próprias limitações, regras e objetivos. Como é fácil constatar, com todo o conhecimento científico disponível hoje, o mundo não melhorou; é possível até que tenha piorado. Ser onisciente não quer dizer ser erudito. Portanto, falar de alguém que sabe e conhece todas as coisas denota uma pessoa sem "nenhuma falta de conhecimento" e sem nenhuma ignorância.

O Buda deu um passo além e mostrou a todos a verdade da mente desperta, para que eles, também, pudessem romper o ciclo do sofrimento, e ele é sumamente reverenciado por essa compaixão. Se uma pessoa estiver, desavisadamente, prestes a atravessar um campo minado, talvez possamos desarmar as minas rapidamente, sem que ela perceba. Mas isso só a protegeria momentaneamente, e não exporia a verdade completa. Explicar que existem minas explosivas no caminho por muitos quilômetros pouparia a pessoa do sofrimento imediato e futuro e lhe permitiria seguir em frente, podendo até compartilhar a informação com os outros. Do mesmo modo, o Buda ensinou as pessoas a serem generosas, se desejam ser ricas, e a serem compassivas, se desejam conquistar os inimigos. Mas ele também recomendou que, se alguém quer ser rico, precisa primeiro ter contentamento; e, se quer conquistar o inimigo, precisa primeiro conquistar a própria raiva. Fundamentalmente, ele ensinou que o sofrimento pode ser cortado pela raiz quando o eu é desmontado, pois sem o eu não há sujeito para experimentar o sofrimento.

Em um gesto de apreço pelos ensinamentos de Siddhartha, seus seguidores compuseram canções e preces nas quais ele é louvado por ser tão poderoso que é capaz de colocar o universo inteiro em cima de um só átomo. Imbuídos de reverência similar, alguns seguidores aspiram renascer no reino chamado "o campo búdico". O campo búdico é descrito como uma terra pura do tamanho de uma partícula ínfima, sobre a qual um número de budas igual ao número de átomos que existe no universo ensinam seus discípulos. Como no caso do chifre de iaque de Milarepa, um incrédulo poderia ler isto como um conto de fadas religioso, ao passo que um crédulo poderia, sem maior crítica, aceitar a descrição, pensando, *Sem dúvida, o Buda consegue fazer isso — ele é onipotente.* Mas se conseguirmos pensar na verdade em termos de vacuidade, dando-nos conta de que não existe algo como "menor" ou "maior", nem qualquer outra distinção dualista, fica evidente que o Buda não precisa de força física para erguer o mundo e colocá-lo sobre um átomo. A própria compreensão de que não há grande nem pequeno é a força necessária. É possível remover o hábito que impede esse tipo de visão, mas nossa lógica limitada é um empecilho. Somos como uma moça que sofre de anorexia ou de bulimia e que mesmo sendo bela e esbelta, simplesmente não consegue aceitar o que vê no espelho, ao mesmo tempo que ninguém consegue entender por que ela pensa que é gorda.

O Buda eliminou todos esses obscurecimentos e viu tudo — tempo, espaço, valores, sexo masculino ou feminino — como sendo isento de dualidade, de modo que o universo poderia repousar sobre um único átomo. Por essa compreensão, seus adeptos com veia poética o enalteceram por ir "além do tempo e do espaço". Mesmo os discípulos mais próximos de Siddhartha, os *arhats*, são famosos por conseguir ver o céu e a palma da própria mão como sendo do mesmo tamanho; ver um punhado de terra e um punhado de ouro como tendo o mesmo valor.

Quando Siddhartha atingiu a iluminação, não fez o tempo parar nem alcançou o final dos tempos. Simplesmente, deixou de estar maculado pelo conceito de tempo. Quando se diz que Siddhartha removeu todos os obscurecimentos de tempo e espaço, o sentido não é que ele tenha quebrado a máquina do tempo ou desmontado uma bússola — ele passou completamente adiante de todos os conceitos de tempo e espaço.

Ainda que a experiência efetiva de ir além do tempo e do espaço seja algo insondável para nós, que somos escravos do tempo, é possível perceber a elasticidade desses conceitos em nossa existência mundana. Até uma paixonite aguda consegue espichar e torcer o tempo. Mal conhecemos alguém e já nos perdemos em devaneios sobre almas gêmeas, casamento, filhos e até netos. E então alguma coisa — talvez um fio de saliva que escorre da boca da pessoa amada — nos puxa de volta para a realidade, e todas aquelas gerações futuras evaporam.

Como as vantagens de ir além do tempo e do espaço são difíceis de imaginar, não nos sentimos atraídos por compreendê-las. Estamos acostumados demais com um mundo que depende do tempo e do espaço para sair a campo com a perspectiva de uma recompensa tão intangível.

Talvez seja mais fácil apreender o aspecto da iluminação que vai além das distinções emocionais de bom e mau, prazer e dor, elogio e crítica, bem como das demais emoções dualistas. Nossa dependência do tempo e do espaço é compreensível — por enquanto eles são muito úteis — mas as outras distinções são inúteis, a ponto de serem absurdas. A dualidade nos enreda de tal maneira que gastamos milhões e milhões todo ano para manter as aparências. Se estivéssemos perambulando solitários no deserto, não veríamos sentido em conservar uma aparência tão maravilhosa; fica claro, então, que queremos apresentar um bom aspecto aos olhos das outras pessoas — para atraí-las, competir com elas, ser aceito por elas. Quando alguém nos diz: "Puxa, suas pernas são lindas", ficamos nas nuvens e continuamos a nos enfeitar e a cavar elogios. Esses elogios são como o mel sobre o fio de uma faca afiada.

Em geral vivemos tão mergulhados em conceitos de beleza que não percebemos que nossa versão do que é atraente pode causar aversão aos outros. Somos vitimados por nossos próprios conceitos e pela vaidade. Essa vaidade alimenta a indústria de cosméticos, que é uma das causas e condições que, literalmente, destroem o meio ambiente. Quando recebemos uma boa dose de elogios temperada com uma pitada de crítica, toda a nossa atenção se volta para a crítica. Palavras elogiosas passam despercebidas diante da sede insaciável de sermos enaltecidos. A pessoa com uma ânsia interminável por elogios e atenção é como uma borboleta que tenta encontrar o fim do céu.

Sem distinção, sem conceito, sem coleira

Junto com os conceitos convencionais de tempo e espaço, o Buda pôs de lado todas as sutis distinções dualistas emocionais. Ele não preferia o elogio à crítica, o ganho à perda, a felicidade à infelicidade, a fama à obscuridade. Ele não se deixava levar pelo otimismo nem pelo pessimismo, pois um não era mais importante nem justificava maior investimento de energia do que o outro. Imagine não mais ser presa de pequenos elogios e críticas, ouvindo-os como o Buda fazia — como meros sons, como um eco. Ou ouvi-los como faríamos no leito de morte. Poderíamos nos comprazer ao ouvir os parentes e amigos queridos elogiando nossa beleza e qualidades maravilhosas, mas, ao mesmo tempo, ficaríamos desapegados, sem nos deixar afetar. Não mais nos agarraríamos às palavras. Imagine estar acima de subornos e outras formas de persuasão, porque todas as tentações do mundo nos parecem desinteressantes, como um punhado de capim para um tigre. Se não pudéssemos ser comprados por elogios nem derrubados por críticas, teríamos uma força fantástica. Nossa liberdade seria extraordinária; não haveria mais esperança e medo, suor e sangue, nem tantas outras reações emocionais desnecessárias. Finalmente, poderíamos praticar o "Estou pouco me lixando". Sem ter que buscar ou evitar a aceitação ou a rejeição dos outros, poderíamos apreciar o que temos no momento presente. Passamos a maior parte do tempo tentando fazer com que as coisas boas durem, ou pensando em como substituí-las por outras ainda melhores no futuro, ou mergulhados no passado, lembrando de tempos mais alegres. Ironicamente, nunca apreciamos de verdade as experiências que hoje nos trazem nostalgia, porque na ocasião estávamos muito ocupados alimentando esperanças e medos.

Se somos como crianças na praia, ocupadas em construir castelos de areia, os seres sublimes são como os adultos que observam as crianças, sentados sob o guarda-sol. As crianças se perdem em suas criações, brigando por conchas e baldinhos, com muito medo de que as ondas avancem. Elas vivem todo tipo de emoções. Os adultos, porém, ficam por perto, bebericando uma batida de coco, observando, não julgando, sem se orgulhar quando um castelo de areia é muito bem construído, nem sentir raiva ou tristeza quando alguém pisa sem querer numa torre. Eles não ficam presos no drama da mesma maneira que as crianças. Que maior iluminação alguém pode querer?

A ANALOGIA MAIS PRÓXIMA À ILUMINAÇÃO no mundo secular é a "liberdade". Sem dúvida, o conceito de liberdade é uma força motriz em nossa vida pessoal e na sociedade. Sonhamos com um tempo e um lugar em que vamos poder fazer o que quisermos — o "sonho americano". Em nossos discursos e constituições, entoamos "liberdade" e "os direitos humanos" como mantras; no entanto, lá no fundo, não queremos essas coisas de verdade. Se nos fosse dada liberdade total, provavelmente não saberíamos o que fazer. Não temos a coragem ou a capacidade de tirar proveito de uma liberdade verdadeira porque não estamos livres de orgulho, ganância, esperança e medo. Se todas as pessoas de repente sumissem da face da Terra, com exceção de um homem, poderíamos imaginar que ele teria liberdade plena — poderia gritar, andar sem roupa e violar a lei — embora não houvesse mais lei nem testemunhas. Mais cedo ou mais tarde, porém, ele se sentiria entediado e solitário, e desejaria companhia. A própria ideia de relacionamento implica em abrir mão de uma parcela de nossa liberdade em favor do outro. Se o desejo do homem solitário fosse realizado e ele ganhasse uma companheira, é provável que ela tivesse suas próprias vontades, podendo muito bem comprometer a liberdade dele, intencionalmente ou não. De quem seria a culpa? Do homem solitário, pois foi seu tédio que provocou sua queda. Não fossem o tédio e a solidão, ele continuaria livre.

Fazemos um belo serviço quando se trata de restringir nossas próprias liberdades. Mesmo não sendo proibido, não vamos à feira com um traje de gala, nem a uma entrevista de emprego com um peixe morto pendurado no pescoço em lugar da gravata, porque queremos impressionar as pessoas e conquistar amigos. Podemos deixar de explorar culturas alternativas ou de outros povos, por mais sabedoria que elas tenham a oferecer, porque não queremos ser tachados de *hippies*.

Vivemos por trás das grades da responsabilidade e da conformidade. Fazemos um estardalhaço em torno de direitos humanos, liberdade de expressão, privacidade e direito de portar armas, mas não queremos morar ao lado de um terrorista. Quando se trata dos outros, queremos impor algumas regras. Se os outros forem totalmente livres, talvez não possamos ter tudo o que queremos. A liberdade deles pode limitar a nossa liberdade. Quando trens são explodidos em Madri e edifícios são reduzidos a escombros em Nova York, culpamos a CIA por deixar os terroristas à solta. Em nossa opinião, é função do governo nos proteger das pessoas violentas. Mas as pessoas violentas e os terroristas se consideram defensores da liberdade. Enquanto isso, queremos ser politicamente corretos e guardiães da justiça, de modo que se nosso vizinho de feições étnicas for levado pela polícia federal, é possível que venhamos a protestar. É especialmente fácil ser politicamente corretos quando o problema ocorre bem longe de nós. De um jeito ou de outro, corremos o risco de ser vítimas de nossa própria atitude politicamente correta.

Renúncia: o céu é o limite

Se encaramos com seriedade o propósito de alcançar a iluminação, precisamos ter força para renunciar a coisas que são importantes para nós e de muita coragem para trilhar um caminho solitário. Aqueles que não correm atrás de elogios e ganhos, que não se esquivam de críticas e perdas, podem ser estigmatizados como anormais ou mesmo loucos. Quando observados a partir de um ponto de vista convencional, os seres iluminados podem parecer loucos porque não negociam, não são seduzidos nem influenciados por ganhos materiais, não ficam entediados, não procuram emoções baratas, não têm aparências a manter, não se enquadram nas regras de etiqueta, nunca recorrem à hipocrisia para ganho pessoal, nunca fazem nada para impressionar os outros e não mostram seus talentos e poderes apenas para se exibir. No entanto, se for para benefício dos outros, esses santos são capazes de fazer qualquer coisa, desde ter modos perfeitos à mesa, até ser o diretor-presidente de uma grande empresa. Nos 2.500 anos de história do budismo, provavelmente houve inúmeros seres iluminados que jamais foram identificados, ou que foram proscritos por serem insanos. Bem poucos foram admirados por possuírem o que chamamos "sabedoria louca". Mas, pensando bem, somos nós os verdadeiros insanos, babando por elogios que são como um eco, remoendo críticas e correndo atrás da felicidade.

Nem é preciso falar em ir além do tempo e do espaço; mesmo ir além de elogios e críticas parece fora de nosso alcance. Mas, quando começamos a entender, não só intelectual como emocionalmente, que todas as coisas compostas são impermanentes, o apego diminui. A convicção de que nossos pensamentos e posses são valiosos, importantes e permanentes começa a arrefecer. Se fôssemos informados de que só nos restam dois dias de vida, nosso comportamento seria diferente. Não iríamos nos preocupar em guardar os sapatos enfileirados, passar a ferro nossas roupas íntimas, ou acrescentar mais um perfume caro a uma já enorme coleção. Poderíamos continuar indo às compras, mas com uma nova atitude. Saber, ainda que só um pouco, que alguns de nossos conceitos, sentimentos e objetos mais familiares existem apenas como um sonho refina nosso senso de humor; reconhecer o lado cômico de nossa situação poupa muito sofrimento. Continuamos a ter emoções, mas elas não nos enganam mais nem nos pregam peças. Podemos ainda nos apaixonar, mas sem medo de sermos rejeitados. Usamos nossos melhores perfumes e cremes faciais, em vez de guardá-los para uma ocasião especial. Assim, cada dia passa a ser especial.

AS QUALIDADES DO BUDA SÃO INEXPRIMÍVEIS. São exatamente iguais ao céu, que não tem fim no espaço. Nossa linguagem e poder de análise podem ir apenas até onde vai nosso conceito de universo. Em algum ponto, um pássaro que voe mais e mais alto para encontrar o fim do céu vai chegar ao seu limite, e terá que retornar à Terra.

A melhor metáfora para nossa experiência neste mundo é a de um sonho épico com uma série de histórias complexas que se entrelaçam, com altos e baixos, dramas e emoções fortes. Se um episódio do sonho vem carregado de feras e demônios, queremos fugir. Quando abrimos os olhos e vemos o ventilador girando no teto, suspiramos aliviados. Para efeito de comunicação, dizemos: "Sonhei que o diabo estava me perseguindo", e sentimos alívio por termos escapado das garras do diabo. Mas não é o diabo que foi embora. O diabo nunca entrou no quarto durante a noite e, enquanto você estava tendo aquela experiência medonha com ele, ele também não estava lá. Quando você desperta para a iluminação, você nunca foi um ser senciente, nunca passou por dificuldades. A partir de então, você não precisa se pôr em guarda para impedir que o diabo volte. Quando você se ilumina, não pode recordar o tempo em que era um ser ignorante. Não é mais preciso meditar. Não há nada a lembrar, porque nada jamais foi esquecido.

Como o Buda disse no *Sutra Prajnaparamita*, todos os fenômenos são como um sonho e uma ilusão; mesmo a iluminação é como um sonho e uma ilusão. E, se houver algo maior ou mais grandioso do que a iluminação, isso também será como um sonho e uma ilusão. Seu discípulo, o grande Nagarjuna, escreveu que o Senhor Buda não afirmou que após abandonar o samsara existe o nirvana. A não existência do samsara é o nirvana. Uma faca é afiada num processo em que duas coisas se exaurem: a pedra de amolar e o metal. Do mesmo modo, a iluminação é resultado da exaustão dos obscurecimentos e da exaustão dos antídotos dos obscurecimentos. Ao final, o caminho da iluminação terá de ser abandonado. Se você ainda se define como budista, ainda não é um buda.

Conclusão

HOJE EM DIA, é comum encontrar gente que junta e mistura religiões, segundo sua conveniência e nível de conforto. Na tentativa de não serem sectárias, essas pessoas procuram explicar conceitos cristãos a partir do ponto de vista do Buda, encontrar semelhanças entre o budismo e o sufismo, ou entre o Zen e o mundo dos negócios. Naturalmente, sempre é possível encontrar pelo menos pequenas semelhanças entre quaisquer duas coisas sobre a face da Terra — mas não acredito que essas comparações sejam necessárias. Ainda que todas as religiões tenham sua origem em algum tipo de finalidade filantrópica, que em geral é o alívio do sofrimento, há diferenças fundamentais entre elas. Todas são como remédios e, como os remédios, destinam-se a reduzir o sofrimento; variam, porém, dependendo do paciente e da enfermidade. A irritação da pele causada pela urtiga é tratada com loção de calamina. Se alguém tem leucemia, não há por que tentar encontrar semelhanças entre a loção de calamina e a quimioterapia para justificar a aplicação da loção por ser mais conveniente. Do mesmo modo, não há necessidade de misturar religiões.

Nestas páginas, procurei fazer uma breve apresentação dos fundamentos da visão budista. Em todas as religiões, a visão é o alicerce da prática, pois a visão determina a motivação e a ação. É bem verdade que "as aparências enganam". Não podemos, de fato, julgar nossos vizinhos unicamente por sua aparência. Sendo assim, é óbvio que não podemos julgar algo tão pessoal quanto uma religião por sua aparência superficial. Não podemos julgar uma religião nem mesmo pelas ações, pela ética, pela moral ou pelo código de conduta que ela promove.

A visão é o ponto de referência definitivo

A *visão* é o cerne de qualquer religião. Em um encontro ecumênico, podemos não ter outra escolha senão sermos diplomáticos e concordarmos que todas as religiões são basicamente iguais. Na verdade, porém, elas têm visões muito diversas, e ninguém, a não ser você mesmo, pode julgar se uma visão é melhor do que outra. Somente você, como indivíduo, com sua capacidade mental, preferências, sentimentos e formação, pode escolher a visão mais adequada para si mesmo. Como um bufê farto, essa variedade de abordagens tem algo a oferecer a cada pessoa. Por exemplo, a mensagem de *ahimsa* do jainismo é tão bela que cabe perguntar por que essa grande religião não está florescendo como as demais. E a mensagem cristã de amor e salvação tem trazido paz e harmonia ao coração de milhões. A aparência externa das religiões pode parecer estranha e ilógica para quem olha de fora. É compreensível que muitos se sintam apreensivos diante de religiões e superstições milenares às quais falta razão aparente. Por exemplo, muitas pessoas ficam perplexas com as vestes cor de vinho e a cabeça raspada dos monges budistas, porque essas coisas parecem ser irrelevantes para a ciência, a economia e a vida em geral. Não posso deixar de imaginar o que essas pessoas pensariam se fossem transportadas para um mosteiro tibetano e se deparassem com pinturas de divindades iradas e de mulheres nuas em posições sexuais. É possível que pensassem estar vendo algum aspecto exótico do *Kama Sutra* ou, ainda pior, indícios de depravação ou culto ao demônio.

Uma pessoa de fora poderia, também, ficar pasma ao ver praticantes do jainismo perambulando sem roupa, ou hindus adorando deuses em forma de vaca ou macaco. Para alguns, é difícil entender por que os muçulmanos usam sua profunda filosofia de proibição ao culto de ídolos como justificativa para demolir os ícones sagrados de outras religiões, quando, em Meca, um dos lugares mais venerados do islamismo, a Ca-aba, *Hajr-e-Aswad* (a pedra negra sagrada), é um objeto físico de culto e o destino de milhões de peregrinos muçulmanos todos os anos. Para aqueles que não entendem o cristianismo, pode parecer absurdo que os cristãos não tenham escolhido como símbolo uma história do apogeu de Cristo, em vez de seu momento mais sombrio na cruz. Pode ser-lhes incompreensível que o ícone central, a cruz, faça o salvador parecer tão impotente. Mas essas são todas aparências. Julgar ou avaliar um caminho ou religião a partir das aparências não é sábio, e pode dar lugar a preconceitos.

Tampouco a austeridade de conduta pode ser usada para definir uma religião. Não é a observância de regras que faz uma boa pessoa. Acredita-se que Hitler era vegetariano e muito atento a seus cuidados pessoais. Disciplina e roupas de estilo, porém, não são, em si, santificadas. E a quem cabe definir o que é "bom?" O que é benéfico em uma religião é maléfico ou irrelevante em outra. Por exemplo, os homens siques nunca cortam o cabelo e a barba, ao passo que os monges, tanto nas tradições orientais quanto ocidentais, em geral raspam a cabeça, e os protestantes podem fazer o que bem entenderem com o cabelo. Cada religião tem a oferecer profundas explicações para seus símbolos e práticas — por que não comer carne de porco ou camarão, por que a obrigatoriedade ou a proibição de raspar a cabeça. Mas, dentro dessa lista infindável do que se pode e não se pode fazer, cada religião precisa ter uma visão fundamental, e essa visão é o que mais importa.

A visão é o ponto de referência definitivo para determinar se uma ação se justifica ou não. A ação é avaliada pela medida em que complementa a visão de quem a pratica. Por exemplo, digamos que você more em Venice

Beach, Califórnia, e sua visão diga que é uma boa coisa ser esbelto. Então, sua motivação é perder peso; você medita na beira da praia sobre como isso seria agradável, e sua ação talvez seja evitar carboidratos. Agora, imagine que você seja um lutador de sumô, em Tóquio. Em sua visão, ser enormemente gordo é uma boa coisa, sua motivação é ganhar peso, e você medita sobre a impossibilidade de ser um lutador de sumô magricela. Sua ação é comer a maior quantidade de arroz e biscoitos possível. O ato de comer biscoitos, portanto, é bom ou mau, dependendo de sua visão. Assim, podemos nos enganar ao considerar compassiva uma pessoa que se abstenha de comer carne, se, na visão dela, a ingestão de carne seja simplesmente algo ruim porque eleva o colesterol.

Fundamentalmente, ninguém pode julgar os atos das outras pessoas sem uma compreensão plena da visão que elas têm.

TODOS OS MÉTODOS DO BUDISMO podem ser explicados a partir dos quatro selos — todos os fenômenos compostos são impermanentes, todas as emoções são sofrimento, todas as coisas são desprovidas de existência intrínseca, e a iluminação está além dos conceitos. Todas as ações e atitudes recomendadas pelas escrituras budistas tomam por base essas quatro verdades ou selos.

Nos sutras mahayanas, o Buda aconselhou seus seguidores a não comer carne. Causar diretamente mal a um outro ser é uma não virtude; além disso, o ato de comer carne não complementa os quatro selos. Isso porque, quando comemos carne, em algum nível praticamos esse ato para nossa sobrevivência, para nos sustentar. O desejo de sobreviver está ligado a querer ser permanente, viver por mais tempo à custa da vida de um outro ser. Se fosse absolutamente garantido que colocar um animal boca adentro nos daria mais tempo de vida, haveria, de um ponto de vista egoísta, motivo para fazer isso. Mas, não importa quantos corpos mortos enfiemos na boca, vamos morrer um dia desses. Talvez antes do que imaginamos.

Podemos, também, ingerir carne por razões burguesas: saborear caviar porque é extravagante, comer pênis de tigre para adquirir virilidade, consumir ninho de andorinha fervido para manter a aparência jovem da pele. É impossível encontrar um gesto mais egoísta do que esse: por vaidade, uma vida é eliminada. Invertendo os papéis, nós humanos não suportamos sequer uma picada de pernilongo, quanto mais nos imaginar confinados em gaiolas apinhadas, com o bico cortado e esperando para sermos abatidos junto com nossos parentes e amigos, ou engordados em baias para virarmos hambúrguer de carne humana.

A atitude de que nossa vaidade vale mais do que a vida de um outro ser constitui apego ao eu. O apego ao eu é ignorância e, como vimos, a ignorância leva ao sofrimento. No caso da ingestão de carne, também provoca sofrimento para outros seres. Por isso, os sutras mahayanas descrevem a prática de nos colocarmos no lugar dessas criaturas e nos abstermos de comer carne por compaixão. Quando o Buda proibiu o consumo de carne, ele quis dizer *todos* os tipos de carne. Ele não excluiu a carne de vaca por motivos sentimentais, nem a carne de porco porque é suja, tampouco liberou a carne de peixe porque os peixes não têm alma.

A beleza da lógica dos quatro selos

Como um exemplo do primeiro selo — a impermanência — considere a generosidade. Quando começamos a compreender a primeira verdade, passamos a enxergar todas as coisas como transitórias e desprovidas de valor, como se pertencessem a um saco de doações destinado ao Exército da Salvação. Não precisamos necessariamente dar tudo o que possuímos, mas não temos nenhum apego ao que possuímos. Quando enxergamos que nossos bens são todos fenômenos compostos e impermanentes, que não podemos ficar agarrados a eles para sempre, a generosidade já está praticamente consumada.

Ao compreender o segundo selo, que diz que todas as emoções são sofrimento, passamos a ver que o principal culpado, o avarento, é o eu, pois ele nada tem a nos dar, a não ser uma sensação de pobreza. Portanto, se não nos apegamos ao eu, não há motivo para nos apegar a nossos bens; assim, a dor da avareza desaparece. A generosidade passa a ser um ato de alegria.

Ao entender o terceiro selo, que diz que todas as coisas são desprovidas de existência intrínseca, vemos a futilidade do apego, porque todas as coisas às quais nos agarramos não têm uma natureza verdadeira. É como sonhar que você está distribuindo um bilhão de dólares para desconhecidos na rua. Você pode dar com generosidade, já que é dinheiro de sonho; ainda assim, você consegue colher todo o prazer que a experiência oferece. A generosidade baseada nessas três visões, inevitavelmente, nos leva à compreensão de que não há uma meta. Ela não é um sacrifício que suportamos a fim de obter reconhecimento ou assegurar um renascimento melhor.

A generosidade sem expectativas, sem cobranças, sem uma etiqueta de preço, oferece um vislumbre da quarta visão: a verdade de que a liberação, a iluminação, está além dos conceitos.

Se formos medir a perfeição de um ato virtuoso, como a generosidade, por parâmetros materiais — quanto de pobreza foi eliminada —, nunca chegaremos à perfeição. A miséria e os desejos dos miseráveis nunca têm fim. Mesmo os desejos dos ricos nunca têm fim; na realidade, os desejos dos seres humanos jamais poderão ser plenamente satisfeitos. De acordo com Siddhartha, porém, a generosidade deve ser medida pelo grau de apego à coisa dada e ao eu que está dando. Ao perceber que o eu e tudo que ele possui é impermanente e desprovido de natureza verdadeira, nos desapegamos, e essa é a generosidade perfeita. Por isso, o primeiro ato que é recomendado nos sutras budistas é a prática da generosidade.

Uma compreensão mais profunda do carma, da pureza e da não violência

O conceito de carma é, inegavelmente, a marca registrada do budismo e também se enquadra nessas quatro verdades. Quando as causas e condições se aglutinam e não há obstáculos, as consequências se manifestam. A consequência *é* o carma. Esse carma é colhido pela consciência — a mente ou o eu. Se a ação do eu é motivada por ganância ou raiva, é criado carma negativo. Se um pensamento ou ação brota do amor, da tolerância e do desejo de que o outro seja feliz, é criado carma positivo. No entanto, a motivação e a ação — assim como o carma que delas decorre — são, em essência, como um sonho, uma ilusão. A transcendência do carma, quer positivo ou negativo, é o nirvana. Qualquer "boa ação" que *não* seja baseada nessas quatro visões é só uma ação moralmente correta; não é, em última análise, o caminho de Siddhartha. Ainda que você dê de comer a todos os seres famintos do mundo, se sua ação for completamente alienada dessas quatro visões, ela será apenas uma boa ação, não o caminho da iluminação. Na verdade, pode ser um ato moralmente correto destinado a alimentar e sustentar o ego.

É por causa dessas quatro verdades que os budistas têm a possibilidade de praticar a purificação. Se uma pessoa acredita que carrega as manchas do carma negativo, ou que é fraca ou "pecadora", e isso a deixa frustrada, porque ela imagina que esses obstáculos se interponham ao caminho da realização, essa pessoa pode encontrar conforto ao saber que os obstáculos são compostos e, portanto, impermanentes e passíveis de purificação. Por outro lado, se uma pessoa sente que lhe falta capacidade ou mérito, pode encontrar conforto ao saber que o mérito pode ser acumulado por meio da prática de boas ações, pois a falta de mérito é impermanente e, portanto, mutável.

A prática budista da não violência não se resume a uma postura de submissão com um sorriso nos lábios, nem a uma postura de mansidão ponderada. A causa fundamental da violência é a fixação a uma ideia extremada — por exemplo, uma noção de justiça ou moralidade. Essa fixação em geral vem do hábito de aceitar, sem crítica, visões dualistas como bom e ruim, bonito e feio, moral e imoral. Uma atitude inflexível dessas, própria de um dono da verdade, toma todo o espaço que permitiria a empatia com os outros. Perde-se a sanidade. A compreensão de que todas essas visões ou valores são compostos e impermanentes, assim como o é a pessoa que os manifesta, afasta a violência. Se não há apego ao eu, se o ego não está presente, nunca há motivo para violência. Quando entendemos que nossos inimigos vivem sob a poderosa influência da ignorância e da raiva, que são prisioneiros de seus hábitos, é mais fácil perdoar comportamentos e ações que nos irritam. Do mesmo modo, se somos insultados por um louco que vive num hospício, não há motivo para a raiva. Quando a crença nos extremos dos fenômenos dualistas é transcendida, as causas da violência são transcendidas.

Os quatro selos: um pacote completo

No budismo, qualquer ação que instaure ou promova as quatro visões constitui um caminho acertado. Mesmo práticas aparentemente ritualistas, como acender incenso, cantar mantras ou fazer meditações esotéricas, buscam nos ajudar a focar a atenção em uma ou mais dessas verdades.

Qualquer coisa que contradiga as quatro visões, inclusive um ato que possa parecer amoroso e compassivo, não faz parte do caminho. Mesmo a meditação sobre a vacuidade passa a ser pura negação, nada mais do que um caminho niilista, quando não se coaduna com as quatro verdades.

Para efeito de comunicação, podemos dizer que essas quatro visões formam a espinha dorsal do budismo. Nós as chamamos de "verdades" porque são meros fatos.

Não são fabricadas; não são uma revelação mística feita pelo Buda. Elas não ganharam validade só depois que o Buda começou a ensinar. Viver de acordo com esses princípios não é um ritual ou uma técnica. Eles não se enquadram na moral nem na ética; não são propriedade de ninguém nem podem ser patenteados. No budismo, não temos a figura do "infiel" ou "blasfemo" porque não há ninguém a quem ser fiel, a quem insultar ou de quem duvidar. Entretanto, aqueles que não têm conhecimento desses quatro fatos, ou que não acreditem neles, são considerados ignorantes pelos budistas. Essa ignorância não é causa para julgamento moral. Um cientista não chamaria de blasfema uma pessoa que não acredite que o homem pousou na Lua, ou que pense que a Terra é plana — chamaria apenas de ignorante. Do mesmo modo, se ela não acredita nesses quatro selos, não é infiel. De fato, se alguém apresentar prova de que a lógica dos quatro selos é falha, de que o apego ao eu não equivale a sofrimento ou de que algum elemento desafia a impermanência, os budistas, de bom grado, passarão a seguir esse novo caminho. Isso porque o que nós buscamos é a iluminação, e iluminação significa compreensão da verdade. Até hoje, porém, ao longo de todos esses séculos, nenhuma prova surgiu que pudesse invalidar os quatro selos.

Se você ignora os quatro selos, mas insiste em se considerar budista unicamente por ter um caso de amor com as tradições, essa é uma devoção superficial. Os mestres budistas acreditam que, independentemente de como você se defina, a menos que tenha fé nas quatro verdades você continuará a viver em um mundo ilusório, que acredita, porém, ser sólido e real. Embora essa crença ofereça temporariamente o doce embalo da ignorância, acaba sempre por levar a alguma forma de ansiedade. Você, então, gasta todo o seu tempo resolvendo problemas e tentando se livrar da ansiedade. A constante necessidade de resolver problemas se transforma numa dependência. Quantos problemas você já resolveu apenas para ver outros aparecerem? Se você está contente com esse ciclo, então não há do que se queixar. Mas, quando você vê que a solução de problemas nunca tem fim, esse é o começo da busca por uma verdade interior. O budismo não é a resposta para todos os problemas leigos e injustiças sociais do mundo; se você, porém, está num momento de busca, e se existe uma química entre você e Siddhartha, você pode vir a considerar essas verdades agradáveis. Sendo esse o caso, você deveria considerar com seriedade seguir por esse caminho.

Riqueza em meio à renúncia

Como seguidor de Siddhartha, você não precisa necessariamente imitar todos os atos dele — não precisa escapulir enquanto sua mulher dorme. Muitas pessoas pensam que o budismo é sinônimo de renúncia: deixar para trás casa, família e trabalho para seguir um caminho de asceticismo. Essa imagem de austeridade deve-se, em parte, ao fato de um grande número de budistas reverenciarem os mendicantes descritos nos textos e ensinamentos budistas, assim como os cristãos admiram São Francisco de Assis. Não há como não se impressionar com a imagem do Buda caminhando descalço pelas ruas de Magadha, pedindo esmolas com sua tigela, ou Milarepa em sua caverna, subsistindo à base de sopa de urtiga. A serenidade de um humilde monge birmanês ao aceitar esmolas cativa nossa imaginação.

Há, porém, um tipo completamente diferente de seguidor do Buda: o rei Ashoka, por exemplo, que desceu de sua carruagem real, adornada de ouro e pérolas, e proclamou o desejo de propagar o buddhadharma por todo o mundo. Ele se ajoelhou, apanhou um punhado de areia e declarou que construiria um número de estupas igual o número de grãos de areia em sua mão. E, de fato, ele manteve a promessa. Portanto, alguém pode ser rei, comerciante, prostituta, viciado em heroína, diretor de empresa e, ainda assim, aceitar os quatro selos. Essencialmente, não é o ato de deixar o mundo material para trás que nós budistas cultuamos; antes, é a capacidade de enxergar os padrões habituais do apego a este mundo e à nossa pessoa, bem como a capacidade de renunciar a esse apego.

À medida que começamos a compreender as quatro visões, não nos desfazemos necessariamente de nossas coisas; começamos, sim, a mudar de atitude em relação a elas, modificando assim seu valor. Só porque você tem menos do que uma outra pessoa não significa que você tenha maior virtude ou pureza moral. Na verdade, a própria humildade pode ser uma forma de hipocrisia. Quando compreendemos que o mundo material é impermanente e desprovido de essência, a renúncia deixa de ser uma forma de autoflagelação. Não significa que estamos sendo duros com nós mesmos. A palavra *sacrifício* adquire um significado diferente. Munidos desse entendimento, tudo passa a ter para nós um significado semelhante à saliva que cuspimos no chão. Não temos nenhum sentimentalismo em relação à saliva. A perda desse sentimentalismo é um caminho de sublime felicidade, *sugata*. Quando a renúncia é entendida como felicidade, as histórias de muitos outros príncipes, princesas e chefes guerreiros indianos, que outrora renunciaram à vida palaciana, tornam-se menos bizarras.

Esse amor pela verdade e reverência por aqueles que buscam a verdade é uma antiga tradição em países como a Índia. Ainda hoje, em vez de menosprezar os renunciantes, a sociedade indiana os reverencia com o mesmo respeito que reverenciamos os professores de universidades de prestígio como Harvard e Yale. Embora a tradição esteja desaparecendo nesta era em que impera a cultura corporativa, podemos ainda encontrar *sadhus* nus, cobertos de cinzas, que deixaram para trás carreiras como advogados bem-sucedidos para tornarem-se mendicantes errantes. Fico tocado ao ver como a sociedade indiana respeita essas pessoas, em vez de enxotá-las como pedintes deploráveis ou como uma praga. Não consigo deixar de imaginá-los no Hotel Marriott em Hong Kong. Diante desses *sadhus* cobertos de cinzas, como se sentiriam os novos-ricos chineses, que tentam desesperadamente copiar os modos ocidentais? Será que o porteiro abriria a porta para que eles entrassem? E como reagiria o gerente do Hotel Bel-Air em Los Angeles? Em vez de cultuar a verdade e venerar *sadhus*, esta é uma era em que os *outdoors* são cultuados e a lipoaspiração é venerada.

Abraçar a sabedoria, descartar visões distorcidas de moralidade

Ao ler estas linhas, você pode estar pensando, *Sou generoso; não tenho tanto apego assim às minhas coisas*. Pode ser verdade que você não seja pão-duro; mas, se no meio de seus atos de generosidade alguém pegar seu lápis favorito, você pode ficar furioso a ponto de querer arrancar a orelha da pessoa com uma mordida. Ou você pode ficar completamente desgostoso se alguém lhe disser: "Mas isto é tudo o que você pode dar?" Quando damos alguma coisa, ficamos presos à noção de "generosidade". Nos apegamos ao resultado: se não conquistarmos um bom renascimento, pelo menos esperamos reconhecimento nesta vida ou, quem sabe, uma placa na parede. Também já encontrei muitas pessoas que se consideram generosas simplesmente porque deram dinheiro para um certo museu ou mesmo para os filhos, de quem esperam uma vida inteira de dedicação.

Quando não vem acompanhada das quatro visões, a moral pode, igualmente, ficar distorcida. A moral alimenta o ego, o que nos predispõe ao puritanismo e a julgar aqueles cuja moral difere de nossa. Fixados em nossa versão de moralidade, fazemos pouco dos outros e tentamos impor a eles nossa ética, mesmo que isso signifique privá-los de liberdade. O grande sábio e santo indiano Shantideva, ele próprio um príncipe que renunciou a seu reino, ensinou que é impossível evitarmos tudo o que seja nocivo; no entanto, se conseguirmos aplicar apenas uma dessas quatro visões, estaremos protegidos de toda não virtude. Se você acreditar que todo o Ocidente é de certo modo satânico ou imoral, será impossível o conquistar e reabilitar, mas, se você é tolerante, isso em si já é a conquista. Você não pode aplainar toda a Terra para caminhar confortavelmente com os pés descalços, mas, ao calçar sapatos, você fica protegido das superfícies ásperas e irregulares.

Quando conseguimos compreender as quatro visões, não só no nível intelectual, mas também no nível de nossas experiências, começamos a nos libertar da fixação em coisas que são ilusórias. Essa liberdade é o que chamamos de sabedoria. Os budistas veneram a sabedoria acima de tudo. A sabedoria ultrapassa a moral, o amor, o bom senso, a tolerância e o vegetarianismo. Ela não é um espírito divino que buscamos em algum lugar lá fora. Nós a invocamos, em primeiro lugar, ouvindo os ensinamentos sobre os quatro selos — não os aceitando por seu valor de face, mas, sim, os analisando e contemplando. Se você estiver convencido de que esse caminho pode afastar um pouco de sua confusão e lhe proporcionar algum alívio, você pode, então, pôr a sabedoria em prática.

Em um dos métodos de ensino mais antigos do budismo, o mestre dá ao discípulo um osso, instruindo-o a contemplar sua origem. Por meio dessa contemplação, o discípulo acaba por ver o osso como o resultado final do nascimento, o nascimento como o resultado final das formações cármicas, as formações cármicas como o resultado final do desejo e assim por diante. Uma vez plenamente convencido da lógica de causa, condição e efeito, ele começa a trazer um estado desperto de consciência para todas as situações e momentos. Isso é o que chamamos de meditação. Aqueles que são capazes de nos trazer esse tipo de informação e de compreensão são venerados como mestres, porque, apesar de sua profunda realização e do fato de que poderiam se retirar para uma vida feliz numa floresta, estão dispostos a permanecer entre nós e explicar a visão do budismo àqueles que ainda vivem em meio à escuridão. Dado que essa informação nos liberta de todo tipo de tropeços desnecessários, automaticamente temos apreço pela pessoa que nos oferece as explicações. Assim, nós, budistas, prestamos homenagem ao professor.

Uma vez que tenha aceitado intelectualmente a visão, você pode usar qualquer método que sirva para aprofundar seu entendimento e realização. Em outras palavras, pode se valer de qualquer técnica ou prática que contribua para transformar o hábito de pensar que as coisas são sólidas no hábito de vê-las como compostas, interdependentes e impermanentes. Essa é a verdadeira prática e meditação budistas — não apenas ficar sentado sem se mexer, como um pedaço de pau.

Embora possamos saber intelectualmente que um dia vamos morrer, esse conhecimento pode ser ofuscado por algo tão pequeno quanto um elogio casual. Alguém comenta como são graciosos nossos dedos, e, quando nos damos conta, já estamos tentando encontrar um jeito de preservar nossos dedos. De repente, sentimos que temos algo a perder. Hoje em dia, somos constantemente bombardeados por tantas coisas novas que podemos perder, e por tantas outras que podemos ganhar. Mais do que nunca, precisamos de métodos que nos ajudem a lembrar da visão e a nos acostumar a ela, talvez até pendurando um osso humano no espelho retrovisor, se não for o caso de raspar a cabeça e se retirar para uma caverna. Combinadas a esses métodos, a ética e a moral tornam-se úteis. A ética e a moral podem ser secundárias no budismo, mas passam a ser importantes quando nos aproximam da verdade. No entanto, mesmo que uma ação pareça salutar e positiva, se ela nos afastar das quatro verdades, o próprio Siddhartha recomendou que a deixássemos de lado.

O chá e a xícara: a sabedoria em meio à cultura

Os quatro selos são como o chá, ao passo que todos os demais meios utilizados para implementar essas verdades — práticas, rituais, tradições e roupagem cultural — são como a xícara. Instrumentos e métodos são observáveis e tangíveis, mas a verdade não. O desafio está em não se deixar levar pela xícara. As pessoas estão mais dispostas a sentar eretas sobre uma almofada de meditação, em um lugar quieto, do que a contemplar o que chegará primeiro, o dia de amanhã ou a próxima vida. As práticas externas são visíveis, de modo que a mente logo as rotula como budismo; já o conceito "todas as coisas compostas são impermanentes" não é tangível e é difícil de rotular. Apesar da evidência de que tudo que nos cerca é impermanente, é irônico que não possamos ver o óbvio.

A essência do budismo está além da cultura, embora ele seja praticado por muitas culturas diferentes, as quais usam suas tradições como uma xícara para conter os ensinamentos. Se os elementos dessa roupagem cultural ajudassem os outros seres sem lhes causar mal, e se não contradissessem as quatro verdades, Siddhartha incentivaria tais práticas.

Ao longo dos séculos, diversos tipos e estilos de xícaras foram produzidos; entretanto, por melhor que seja a intenção por trás delas e por melhor que funcionem, as xícaras passam a ser um empecilho se esquecermos o chá. Embora sua finalidade seja conter a verdade, tendemos a nos focar no meio e não no resultado. Por isso, as pessoas andam por aí com xícaras vazias, ou esquecem de tomar o chá. Nós, seres humanos, podemos ficar encantados, ou pelo menos distraídos, com as cerimônias e cores das práticas criadas pelas culturas budistas. Incensos e velas são exóticos e atraentes; já a impermanência e a inexistência do eu, não. O próprio Siddhartha afirmou que a melhor forma de culto é a simples lembrança do princípio da impermanência, do sofrimento ligado às emoções, da ausência de existência intrínseca dos fenômenos, e do fato de que o nirvana transcende os conceitos.

Superficialmente, o budismo pode parecer ritualista e religioso. Disciplinas budistas, como vestes cor de vinho, rituais e objetos rituais, incenso e flores, até mesmo monastérios, têm forma — podem ser observados e fotografados. Esquecemos que são meios que levam a um fim. Esquecemos que uma pessoa não se torna seguidora do Buda porque faz rituais ou observa certas disciplinas, como ser vegetariano ou usar vestes religiosas. A mente humana, porém, adora símbolos e rituais, a tal ponto que são quase inevitáveis e indispensáveis. As mandalas de areia tibetanas e os jardins zen japoneses são belos; podem nos inspirar e ser, mesmo, uma via para a compreensão da verdade. Mas a verdade, ela própria, não é bela nem não bela.

Embora seja provável que possamos passar sem coisas como chapéus vermelhos, chapéus amarelos e chapéus pretos, alguns rituais e disciplinas são universalmente recomendados. Não se pode dizer, de modo categórico, que seja errado meditar deitado numa rede, segurando um drinque enfeitado com um pequeno guarda-chuva, se a pessoa estiver contemplando a verdade. Mas antídotos como sentar com as costas eretas trazem grandes benefícios, com certeza. Uma postura correta não só é acessível e econômica, como também tem o poder de roubar nossas emoções de seus rápidos reflexos habituais, que nos engolfam e nos lançam à deriva. Ela abre um pouco de espaço para a sobriedade. Certos outros rituais institucionalizados, tais como cerimônias em grupo e estruturas religiosas hierarquizadas, podem trazer alguns benefícios, mas vale notar que já foram alvo do sarcasmo dos mestres do passado. Tenho para mim que esses rituais são o motivo pelo qual muitos no Ocidente categorizam o budismo como uma seita, muito embora não exista o menor traço do que se poderia chamar de seita nas quatro verdades.

Agora que o budismo está florescendo no Ocidente, ouço falar de pessoas que estão alterando os ensinamentos budistas para enquadrá-los na forma de pensar dos tempos modernos. Se há algo a ser adaptado, são os rituais e símbolos, não a verdade em si. O próprio Buda afirmou que sua disciplina e métodos deveriam ser adaptados, de modo apropriado, a diferentes épocas e lugares. Mas as quatro verdades não precisam ser atualizadas nem modificadas; de qualquer modo, seria impossível fazê-lo. Pode-se trocar a xícara, mas o chá permanece puro.

Depois de sobreviver por 2.500 anos e viajar 12.430.059 metros desde a árvore *bodhi,* na Índia central, até Times Square, em Nova York, o conceito "todas as coisas compostas são impermanentes" continua a se aplicar. A impermanência continua a ser impermanência na Times Square. Não há como torcer essas quatro regras; não há exceções sociais ou culturais.

Diferentemente de algumas religiões, o budismo não é um *kit* de sobrevivência para a vida, que dita quantos maridos uma mulher deve ter, onde pagar impostos ou como punir os ladrões. Na verdade, os budistas, a rigor, não têm um ritual para a cerimônia do casamento. O propósito do ensinamento de Siddhartha não foi dizer às pessoas aquilo que elas queriam ouvir. Ele ensinou movido pelo forte impulso de libertá-las de suas concepções equivocadas e de sua infindável falta de compreensão da verdade. Entretanto, para explicar essas verdades de modo eficaz, Siddhartha ensinou por diferentes modos e meios, de acordo com a necessidade de suas diferentes plateias. Essas diferentes formas de ensinamento são hoje rotuladas como as diferentes "escolas" do budismo. A visão fundamental de todas as escolas, porém, é a mesma.

É normal que as religiões tenham um líder. Algumas, como a Igreja Católica Romana, têm uma hierarquia elaborada, liderada por uma figura todo-poderosa, encarregada de tomar decisões e formular julgamentos. Contrariamente à crença popular, não existe no budismo uma figura ou instituição desse tipo. O Dalai Lama é um líder laico para a comunidade budista que vive no exílio, e um mestre espiritual para muitas pessoas em todo o mundo, mas não necessariamente para todos os budistas. Não há uma autoridade com poder de decidir quem é e quem não é um verdadeiro budista, no que diz respeito a todas as formas e escolas de budismo que existem no Tibete, Japão, Laos, China, Coréia, Camboja, Tailândia, Vietnã e no Ocidente. Ninguém tem o poder de determinar quem deve e quem não deve ser punido. Essa falta de um poder central pode gerar caos, mas é também uma bênção, pois toda fonte de poder, em todas as instituições humanas, é corrompível.

O próprio Buda afirmou: "Tu és senhor de ti mesmo." É claro que, se um mestre erudito se dispõe a nos apresentar a verdade, somos seres bem-afortunados. Em alguns casos, esses mestres devem ser reverenciados ainda mais do que o Buda pois, embora milhares de budas possam vir, é essa pessoa que traz a verdade até nossa porta. Encontrar um guia espiritual é algo que está inteiramente em nossas mãos. Temos toda liberdade para analisá-lo. Quando nos damos por convencidos da autenticidade do mestre, aceitá-lo, suportá-lo e desfrutá-lo passa a fazer parte de nossa prática.

O respeito é muitas vezes confundido com fervor religioso. Devido a aparências externas inevitáveis e também à falta de tato de alguns budistas, quem observa de fora pode pensar que estamos adorando o Buda e os mestres da linhagem como se fossem deuses.

Caso você esteja se perguntando como decidir qual caminho é o certo, basta lembrar que todo caminho que não contradiga as quatro verdades deve ser visto como um caminho seguro. Em última análise, os guardiões do budismo não são os mestres graduados, mas, sim, as quatro verdades.

Faltam-me palavras para enfatizar o quanto a compreensão da verdade é o aspecto mais importante do budismo. Durante séculos, estudiosos e pensadores tiraram pleno proveito do convite feito por Siddhartha para que analisassem seus achados. Centenas de livros que esquadrinharam e debateram suas palavras são testemunho disso. De fato, a pessoa que se interessa pelo budismo é encorajada a explorar todas as suas dúvidas, sem correr o risco de ser rotulada de blasfema. Incontáveis pessoas inteligentes começaram por respeitar a sabedoria e a visão de Siddhartha e só depois manifestaram sua confiança e devoção. É por essa razão que, outrora, príncipes e ministros não pensaram duas vezes antes de abandonar seus palácios em busca da verdade.

A prática da harmonia

Não é preciso nem falar em verdades profundas — hoje em dia, mesmo as mais práticas e óbvias verdades são ignoradas. Somos como macacos que vivem na floresta e defecam nos próprios galhos em que se penduram.

Todos os dias ouvimos gente falar sobre o estado da economia, sem reconhecer a conexão que há entre recessão e ganância. Por causa de ganância, inveja e orgulho, a economia nunca vai se fortalecer o suficiente para assegurar que todos tenham acesso às necessidades básicas da vida. Nossa morada, a Terra, está cada vez mais poluída. Já encontrei pessoas que condenam os governantes e imperadores da antiguidade, bem como as religiões da antiguidade, como a fonte de todos os conflitos. O mundo leigo moderno, porém, não está se saindo nada melhor; se está mudando, é para pior. Que melhorias o mundo moderno nos trouxe? Uma das principais consequências da ciência e tecnologia foi apressar a destruição do mundo. Muitos cientistas acreditam que todos os sistemas vivos e todos os sistemas que sustentam a vida no planeta estão em declínio.

É tempo de gente como nós, neste mundo moderno, refletir sobre as questões espirituais, ainda que não se tenha tempo para sentar numa almofada, ainda que não se tenha simpatia por pessoas que carregam um rosário no pescoço, e ainda que seja constrangedor expor nossas inclinações religiosas aos amigos que não as tenham. Contemplar a natureza impermanente de tudo o que vivemos, assim como as consequências dolorosas do apego ao eu, traz paz e harmonia — se não para o mundo inteiro, pelo menos para nossa esfera pessoal.

Desde que você aceite e pratique essas quatro verdades, você será um "praticante do budismo". Você pode ler sobre essas quatro verdades como uma forma de entretenimento ou como um exercício mental, mas, se não praticá-las, você será como um doente que lê a bula, mas nunca toma o remédio. Por outro lado, se você é um praticante, não há necessidade de exibir o fato de ser budista. Na verdade, se isto o ajuda a ser convidado para algumas funções sociais, não há problema algum em esconder que você é budista. Mas tenha sempre presente que, como budista, sua missão é abster-se, tanto quanto possível, de causar mal aos outros, bem como ajudar os outros, tanto quanto possível. Essa não é uma responsabilidade enorme, pois, se você de fato aceita e contempla as verdades, todos esses atos surgem como uma decorrência natural.

Também é importante compreender que, como budista, você não tem a missão ou o dever de converter o resto do mundo ao budismo. Os budistas e o budismo são duas coisas diferentes, assim como os democratas e a democracia. Tenho certeza de que muitos budistas já fizeram e continuam a fazer coisas horríveis contra si mesmos e contra os outros. Mas é encorajador o fato de que, até agora, os budistas nunca foram à guerra nem saquearam os templos de outras religiões em nome do Buda, movidos por proselitismo religioso.

Como budista, você deveria se ater à seguinte regra: um budista nunca incita nem participa de derramamento de sangue em nome do budismo. A você não é permitido matar sequer um inseto, quanto mais um ser humano. E, se por acaso você tomar conhecimento que alguma pessoa ou grupo budista esteja fazendo isso, como budista você tem o dever de protestar e condenar esses atos. Se você se calar, não estará apenas deixando de desencorajar essas pessoas; você basicamente será uma delas. Você não será um budista.

Pós-escrito sobre a tradução de certos termos

Procurei apresentar as quatro visões, que são o cerne da filosofia budista, em uma linguagem cotidiana, acessível a pessoas das mais diferentes formações. Tive de tomar algumas decisões difíceis quanto à escolha de terminologia. Creio ser importante lembrar que não existe, de fato, um consenso definitivo sobre a tradução para o inglês de termos budistas vindos do sânscrito e do tibetano. Dentro das diferentes escolas budistas, e mesmo em uma única escola do budismo tibetano, encontramos variações de significado e ortografia. Um bom exemplo é *zag bcas* (pronunciado "zagche"), palavra traduzida aqui como "emoção", como em "todas as emoções são sofrimento". Essa escolha causou surpresa entre aqueles que entendem ser ela "demasiadamente ampla". Muitas pessoas pensam que nem *todas* as emoções são sofrimento. Contudo, essa escolha também causou surpresa entre aqueles que entendem não ser ela ampla o suficiente, porque uma tradução mais precisa de *zag bcas* teria de ser bastante ampla.

Como Chokyi Nyima Rinpoche explica em seu livro *Indisputable Truth* [*Verdade Irrefutável*]: "A palavra *zag bcas* literalmente significa 'em processo de queda ou mudança.'" Ele acrescenta:

Certa vez, tive oportunidade de indagar a Kunu Rinpoche, Tendzin Gyaltsen, sobre o significado deste e de outros termos budistas. Primeiro, ele explicou o significado de *pessoa*, ou *gangzag*, que contém uma das sílabas da palavra *obscurecimento*. *Gang* significa "qualquer" ou "qualquer um" no sentido de qualquer mundo ou lugar de renascimento possível dentre as seis classes de seres, enquanto *zapga* significa "cair dentro" de um desses lugares ou "mudar" para um desses lugares. Portanto, a palavra que corresponde a *pessoa* significa "suscetível de transmigração". Ele mencionou, ainda, que existe um debate tradicional sobre essa etimologia, já que um *arhat* é também denominado *gangzag*, pessoa.

Walpola Rahula, o autor de *What the Buddha Taught* [*O que o Buda ensinou*], traduziu o primeiro selo como "Todas as coisas condicionadas são *dukkha* (sofrimento)". Outros preferiram "todos os fenômenos obscurecidos ou contaminados têm a natureza dos três sofrimentos". O dicionário Rangjung Yeshe oferece uma tradução parecida: "Tudo que se deteriora é sofrimento."

Poder-se-ia, ainda assim, arguir que essas traduções são amplas demais, ou não são amplas o suficiente. Para compreender muitos desses termos, um estudioso sério terá de se aprofundar em suas pesquisas e demandar mais explicações. Fundamentalmente, todas as coisas sujeitas à interdependência são desprovidas de soberania; elas não têm pleno controle de si próprias; e essa dependência cria incerteza, que é um dos principais componentes da definição budista de "sofrimento". Por isso, o emprego da palavra *sofrimento* exige bastante explicação.

Ainda assim, mantive a decisão de usar a tradução "Todas as emoções são sofrimento" para que a atitude do leitor não seja a de procurar pela causa de seu sofrimento externamente. O contexto fica mais pessoal — trata-se de nossa mente e de nossas emoções.

Uma outra coisa que vale ressaltar é que os quatro selos apresentados neste livro denotam uma orientação bastante mahayana. As tradições *shravakayanas*, como o budismo *theravada*, podem não ter esses quatro selos; pode haver apenas três. Nesse caso, os três estão contidos nos quatro. Visto que este livro foi concebido como uma apresentação genérica, concluí que seria melhor oferecer mais do que menos, todas as coisas e não apenas algumas, de modo que não haja necessidade de oferecer mais em uma ocasião subsequente.

Agradecimentos

Por falar em fenômenos compostos, gostaria de dizer que não é preciso buscar um bom exemplo em outro lugar. Este livro é um perfeito exemplo de fenômeno composto. Embora alguns dos exemplos aqui empregados sejam modernos, a lógica básica e as premissas da argumentação e das analogias já foram ensinadas no passado. Cheguei à conclusão de que não preciso ficar envergonhado por plagiar as ideias e os ensinamentos originais do Buda e de muitos de seus seguidores da antiguidade, especialmente mestres como o grande Guru Rinpoche Padmasambhava, Longchenpa, Milarepa, Gampopa, Sakya Pandita, Rigzin Jigme Lingpa e Patrul Rinpoche. Aqueles que encontraram aqui um pouco de inspiração deverão, portanto, dar-se ao trabalho de procurar conhecer as obras desses mestres. Preciso deixar registrado que, se erros ou equívocos graves foram cometidos, seja nas palavras seja em seu significado, isso deve-se inteiramente a mim, e, ainda que eventuais comentários dos leitores sejam bem-vindos, permito-me sugerir que isso seria um desperdício de seu precioso tempo.

O fato de que estas linhas sejam ao menos legíveis deve-se ao esforço de Noa Jones, não só por seu trabalho de revisão como também por ela ter se oferecido para o papel de cobaia "recém-chegada à filosofia budista". Então, aqui deixo a ela meu enorme apreço e gratidão. Preciso também mencionar Jessie Wood e seu olho de lince para pontuação. Por fim, preciso agradecer a todos os meus amigos — adolescentes, acadêmicos, frequentadores de botequins e pensadores — por me confrontarem com argumentos desafiadores, que ajudaram a dar forma a este livro. Este livro foi concebido num bar decadente em Ubud, Bali, no passado um esplêndido reino hinduísta; tomou forma entre a névoa e os bosques de cedro às margens do Lago Daisy, e foi concluído no Himalaia. Possa ele trazer alguma curiosidade.

Dzongsar Khyentse destinou a renda da venda deste livro à Fundação Khyentse, uma organização sem fins lucrativos fundada em 2001 para dar suporte a instituições e pessoas que se dedicam à prática e ao estudo da visão de sabedoria e compaixão do Buda. A fundação leva adiante sua missão por meio de uma série de projetos, inclusive, entre outros, oferecimento de bolsas de estudo, criação de escolas budistas para crianças e constituição de fundos para custeio de educação monástica, um fundo para publicações e cadeiras de estudos budistas em universidades importantes. Mais informações podem ser encontradas em www.khyentsefoundation.org

FUNDAÇÃO KHYENTSE

eureciclo

O selo eureciclo faz comprensação ambiental das embalagens usadas pela Editora Lúcida Letra.

Que muitos seres sejam beneficiados.

Para informações sobre lançamentos de livros budistas pela Lúcida Letra, acesse

www.lucidaletra.com.br

Este livro foi impresso em novembro de 2021,
na gráfica da Editora Vozes
utilizando a fonte Source Serif Pro.